一夜好眠的日常練習

松浦彌太郎
Yataro Matsuura —— 著

駱香雅 —— 譯

眠れないあなたに おだやかな心をつくる処方箋

目錄

第二章 與壓力當朋友

作者序

寫給睡不著的你

一天結束，躺在床上，終於可以放鬆下來時，沒有什麼比那種安心和舒適更讓人感到愉快的了。

稱讚今天也很努力的自己，做個深呼吸，放鬆緊繃的身體，靜靜地入睡。回想今天遇到的開心、愉快或值得慶幸的事，選出三件，向今天道聲感謝。

當然，生活中也會有很多辛苦或討厭的事情，但正所謂「境隨心轉」，事情的好壞取決於自己看待它的角度。相信至少可以選得出三件還不錯的事，或許還從中學到了一些東西。當意識到應該對這些事情心懷感恩，腦海中隱隱約約浮現這些想法時，意識也在不知不覺中漸漸飄遠，彷彿被吸入白雲之中，緩緩緩進入夢鄉。

這就是我的每一天。

其實我能像這樣自然而然地入睡也是最近的事情。大家可能會好奇我是怎麼辦到的吧？其實，我原本是屬於晚上難以入睡的類型，多年來深受失眠症的困擾。

這世上沒有比失眠更痛苦的事，而我深知失眠的痛苦。因此，我一直在思考該如何面對失眠，該怎麼做才能睡著，以及如何才能讓失眠變得不痛苦。

於是，我把自己當成實驗用的白老鼠，從嘗試、學習、理解、接納的過程中領悟到幾件事。得益於此，原本非常害怕夜晚到來的我，現在睡得很香甜，因為睡得著，所以每天過著非常安穩的生活，工作也開始變得順利。

我想應該有很多人就像以前的我一樣，深受失眠所苦。

這本書就是為了每天因失眠而苦惱、備受折磨的各位而撰寫的，我整理出有助於自己入睡的一點想法、心態和方法。

換句話說，這是一本教人如何睡得好的書，就像是一張針對失眠的處方箋。是的，境隨心轉。就從這句話開始吧。

不管今天過得如何，我衷心期盼大家都能以平靜的心情結束每一天，然後安心迎接明天的到來，這就是我撰寫這本書的初衷。希望能對各位有所幫助。

今天也要用心過生活。

松浦彌太郎

第一章

一開始請這樣做

每個人都是脆弱的生物

有時候人際關係的煩惱會讓人徹夜難眠。

為什麼我們會為了人際關係如此煩惱？你的看法又是如何呢？

無論是在工作中，還是在日常生活中，我們一定會與他人有所交集。

儘管這是一件非常幸福的事情，但實際上，這也是各種煩惱的根源。當我們不經意陷入煩惱時，絕大多數的原因都與人際關係有關。每當心浮氣躁的時候，總是會不由自主地想起當時的某些人和某些事，然後在腦海中反覆浮現又消失。

究竟該怎麼做，才能不為了人際關係而煩惱呢？

我一直思考這個問題，最終我意識到一件事。

那就是每個人都是非常敏感、容易受傷、脆弱，如同易碎品般的生物。

在成年之後，我們往往會覺得自己堅強到可以承受一切，但不管大人或小孩，生而為人，其實都是非常脆弱的生物。我甚至認為世界上根本不存在所謂「堅強的人」。我自認並不堅強，我也是脆弱的生物。同理可證，在自己身旁的人也同樣是敏感、容易受傷、脆弱且易碎的生物。

即使是那些看似精明強悍的大企業經營者，其實也都是敏感又容易受傷的生物。我想他們應該是一直煩惱著如何面對接踵而至的困難，以及如何消化這些難題。為了不讓生活中的壓力在心裡沉澱累積，他們也在不斷拚命掙扎，不是嗎？

不是只有我一個人很脆弱，大家每天都因為人際關係而受傷，大家都因為工作的壓力而打從心底感到疲憊。因此，每個人的身體和心靈都非常容易受創。基於這個認知，試著重新思考：那麼，我該如何與大家相處呢？該如何與他人互動呢？要用什麼態度與他人往來呢？

既然身為血肉之軀的人類，我當然也不可能做到完全冷靜下來重新思考。說穿了，我只是提醒自己努力去做而已。

「今天完全睡不著啊！那個人說的那些話，一直在我腦海中揮之不去。」「竟然如此嚴厲地對我說出冰冷的言語。」在輾轉難眠的夜晚裡，我也會反思：為什麼自己無法從積極正向的角度看待這些問題？為什麼不能原諒那個人呢？

這樣一來，我就會察覺到自己的弱點和不足。再次強調，絕對不要忘記每個人都是脆弱的生物。讓我們先從努力改變自己開始吧！改變待人接物、說話和打招呼的方式等等，這樣一來，你會發現不只是自己在改變，周遭的人也會隨之改變。

總而言之，人類是脆弱的生物。

我認為先保有這種意識，或許就能得到一些啟發，有助於減少一些因人際關係而夜不成眠的煩惱。

讓我們化自卑為力量

在夜深人靜的時候，難免會思考為什麼自己會這樣呢？

請不要擔心。每個人都有自卑感。

對於自卑感，我一直在思考該如何用自己的方式去面對它、接受它，盡量不讓自卑成為阻礙自己行動的沉重負擔。

如果因為自卑而產生憤怒或煩躁情緒時，不妨告訴自己，這些情緒並非因他人而起，而是源於自我意識。然後，試著尋找其中的意義和具有正面價值的事物，將自卑感轉化為自己的優勢。

我從年輕時就已經領悟到，向外尋求自卑感的解方是毫無意義可言的。我覺得這種行為，就像是為了替自己的無能找藉口。

雖說如此，我並無法完全消除自卑感。那麼，該如何在心中消化自卑情結呢？該如何處理自卑感的煩惱呢？

以我的情況來說，直到高中，我們一家四口住在一間大約三・七五坪大小的公寓裡。我的家境並不富裕，小時候覺得「我家真窮啊」，這種心情就是自卑感，讓人感到委屈和悲哀。

我該如何面對這種自卑感並與之共處呢？深思熟慮後，我決定「將它放在心裡」。因為無論如何，我都無法改變這個事實，或者說這就是現實情況。

將自卑感放在心裡。換句話說，就是接受「我家很貧窮」的事實。然而，就算接受了這個事實，還是會時不時地想起並為此煩惱，心想著：「為什麼我會出生在這種家庭呢？」

每當這種想法出現時，我會這樣問自己：「如果我能活到八十歲，難道要一直為自卑感而嘆息，活在滿懷著憤怒，甚至怨恨父母的情緒之中嗎？」當然，我覺得這樣的生活方式鐵定不幸福，也很愚蠢。只要冷靜下來，應該就會明白這一點。

所謂的自卑感，只不過是自己與他人的差異而已。

有時會忍不住感嘆：「為什麼自己不如別人呢？」「為什麼只有自己遇到如此痛苦的事。」但何不試著換個角度思考？把自己與他人的不同之處，視為學習的課題，或是上天賜予的禮物。重要的是，將自己的想法轉變成不會成為沉重負擔的思考方式。

你也可以將憤怒和煩躁的情緒，轉化為奮發向上的動力。

年輕時的我，有時會將那些無法接受的事情、以及因自身能力不足而產生的負面情緒視為自卑感，並將其轉化成推動自己前進的動力。

然而，即使在這種自卑感中，有很多得益於此而學到的東西，也肯定有幾件令人心存感激的事情。

先試著找出值得感謝的事情，並且把自己與他人的不同之處轉化成寶貴的財富。

因為貧窮，所以擁有了與眾不同的經歷；雖然學歷不高，但也更加了解社會；因為無法走常規的道路，才促使自己開闢新的道路……諸如此類。有所失，必有所得。只要換個角度思考，負面因素也可能轉為正面。

如此一來，自卑感就能輕易地轉化為正能量，將自卑感視為上天的恩賜，坦然接受並安置於心中。

能否將負面因素轉化為正面，完全取決於自己的思考方式。透過這個方法，曾經令自己備感壓力的自卑感，就能蛻變成不輸給任何人的潛力。

因此，不管有多少自卑感，全都轉化為正面的力量吧！

首先，你要做的是承認它、接受它、感謝它。

「事出必有因」是一句魔法話語

任何事情都存在多個面向。

即使從某個角度來看是令人覺得非常痛苦、悲傷的事情，只要稍微轉換視角，這件事情就能為自己帶來值得學習的事物，或是新的「領悟」。

在人際關係中的負面事件也是如此。

「被他人這樣說，我覺得很傷心。」

「我無法接受那件事。」

諸如此類的情況不勝枚舉。但是，你可能只看到了事情的某一面，而且只從自己的角度來理解這件事。

雖然在面對這些事情時，確實會讓人覺得很痛苦，但只要稍微換個角度思考，有時也會覺得沒那麼難受。

然而，你要明白事出必有因，在任何事情的背後都有「特別的理由」。

對我來說，「事出必有因」是一句神奇的話語。在每一天當中，總有一些自己無法理解、無法接受，甚至無法忍受的事情發生。即使我試圖努力去理解，或者為此糾結不已，但不明白的事情就是不明白。在這個時候，「事出必有因」這句話就能派上用場了。

我會告訴自己「事出必有因」，用這句話來讓自己釋懷。至於這個「特別的理由」，我既無法干預，也無法知曉。但是，只要知道每件事情之所以會發生，背後都有它的「理由」，也就能坦然接受這些事情了。

無論遇到任何事件、情況或他人的言行，都試著以正面的角度來看待。

與此同時，將其視為不可避免的學習課題，並心存感恩。

即使是負面的事情，或是讓自己受到了傷害的事情，換個角度來看，很多時候對自身來說也是一種學習。

也許是為了讓未來的自己能克服某些困難的一種學習，也可能是為自己帶來正面影響的一次經歷。

當你懷著如此感恩的心情時，睡意應該就會悄然而至。

建立固定的日常作息

為了讓自己每天都能在相同的時間入睡，建立一天的固定作息是不可或缺的事。

早上五點醒來，吃完早餐後跑步一小時，上午處理文書，下午一點享用一頓簡單的午餐。

下午安排會議等事務，傍晚五點是晚餐時間。

晚餐後散步一小時，處理完雜事後洗澡，並於晚上十點就寢。

一年三百六十五天，我幾乎天天都是固定的生活作息。在閒暇之餘，也不忘閱讀或發發呆，放空自己。

聽到我這麼說，有些人可能會感到驚訝吧！每天都在同樣的時間起床，在同樣的時間就寢，在這段時間內幾乎都是做固定的事情，也許有人會覺得吃驚，認為「這種生活過於嚴苛」，或「這種人生也太無聊乏味了」。

但對我來說，並沒有嚴格要求自己的感覺，因為這一切都是為了讓自己以最舒服的狀態工作並取得成果，或者思考怎麼做才能讓身心保持放鬆的狀態，盡量不累積壓力，因此就像發明新事物一樣，在經過長時間的摸索和嘗試錯誤後，終於讓我找到了適合自己的作息時間表。

因為我是作家，同時也是公司經營者，所以我能採用這種生活步調，但我相信任何人都可以在各自的環境中，創造出最適合自己的生活作息。

舉例來說，嘗試養成早上的習慣，或者培養睡前的習慣，光是這樣就能為日常生活建立起規律的步調。重視規律的生活步調，有助於讓自己經常保持放鬆的狀態。

在時間不規律，而且難以預料會發生什麼事的情況下，每天光是處理各種突發事件就已經讓人筋疲力盡，可以說是那種讓人失去自我的疲憊感吧，總之過著精神緊繃的生活。

這樣一來，身心都飽受摧殘，自然不可能安然入睡，而且會產生不必要的緊張感，或被焦慮不安所困擾，導致睡眠品質不佳，出現了淺眠的問題；如果睡得不好，生活節奏就會更加紊亂。

年輕時的我完全沒有意識到這些問題。

在日常生活中、在人生中會發生各種事情，當時的我堅信每天都要有一些特別的事情，這樣才稱得上是快樂、豐富、幸福的生活。年紀越輕的人，越容易覺得「無聊」或「乏味」，我年輕時也總想著：「有沒有什麼有趣的事呢？」但是長大之後我開始意識到，想要解決「無聊」或「乏味」，或許並不是透過安排一些特別的計畫。

「沒有特別的計畫」，我明白了這對我來說，絕對不是一件不幸福的事。不僅可以從日復一日、一成不變的生活中，讓內心常保從容和餘裕，也能維持平和的心態來面對工作、生活。當然，由於自身狀態良好，除了在工作表現上更加出色，在面對人際關係和生活時，也會因為內心的安定而感到富足。

是的，今天什麼事都沒發生，讓我感到心情平靜。我對於這樣的幸福，心存感激；那些平淡無事的日子，治癒了我的身心。

值得珍愛的三種情緒

雖然這樣說，感覺有點誇張，但我們的人生無論如何都擺脫不了的三種情緒，就是「不安」、「孤獨」和「欲望」。如何與這些情緒和諧共處，顯得十分重要。

我認為，當我們輸給了「不安」、「孤獨」和「欲望」，人被耍得團團轉或者被情緒左右時，將會產生「認知錯誤的自己」。

儘管如此，我無法抗拒這些情緒，它們永遠都不可能從我的內心完全消失。因此，我希望學會如何與它們和平共處。

那麼，該如何做到這一點呢？雖然這並不是一件容易的事，但當面對「不安」、「孤獨」和「欲望」時，告訴自己不抗拒、不隱藏也不逃避，將它們視為自己的一部分，坦然承認、接受並愛它們即可。

不是討厭「不安」、「孤獨」和「欲望」，而是終其一生去愛它們。我甚至認為保持這樣的心態剛剛好。

關於「不安」、「孤獨」和「欲望」，儘管思考它們會讓人感到不適，面對它們也會帶來痛苦，但我們不應該逃避這種不適和痛苦，而是將其控制在「可忍受的範圍」內。

如果因為不想面對當前發生的事情或對現狀置之不理，情況只會變得更加糟糕。

總而言之，真正需要改變的是那個不願面對現實的自己。

一旦能夠接受現實，感恩之心就會油然而生。

從某種意義上說，敞開心胸坦然接受，你會覺得不安是理所當然的，感覺孤獨是理所當然的，甚至心懷欲望也無可厚非，只要知道這些情緒本來就是人性的一部分即可。

這三種情緒可能是一種試煉，也可能是一種學習，無論是試煉還是學習，對自己來說都是生命中不可缺少的過程。

如果能將這些試煉視為「這是上天給自己的考驗」、「雖然很辛苦，但不妨從中學習吧」，以積極正向的心態面對每一天，那麼總有一天必然會收獲喜悅的回報。

因此，請將這三種情緒當作無可替代的朋友吧！

根據我個人的經驗，我認為今後最難應付的情緒是「欲望」。我的意思並非是要你變得無欲無求或過於克制欲望，而是建議你先學會面對並愛護自己的欲望，防止欲望失控，避免因欲望而犯錯。

關鍵在於仔細辨別這種欲望是發自內心，抑或僅僅是為了忘記某些不愉快的事情。

當你躺在床上閉著眼睛時，好好地審視自己內心的欲望，並試著思考為什麼會有這些想法。光是這樣做，相信就會發揮很好的安神助眠效果。

重點複習

- 不要忘記每個人都是脆弱的生物
- 自卑感可以轉化為正面力量
- 理解「事出必有因」
- 嘗試建立晨間習慣和夜間習慣
- 學會與「不安」、「孤獨」和「欲望」和諧相處

第二章

和壓力當朋友

嘗試新的習慣

在我四十歲擔任《生活手帖》雜誌的總編輯之後，經歷了生平第一次的睡眠障礙。

在此之前，身為自由工作者的我可以完全掌控自己的時間，不必去固定的工作場所，一個人自由自在地工作。

然而，自從被委以重振《生活手帖》雜誌的重任之後，每天早上八點就到公司上班。雖然上班時間是從九點半開始，但我比任何人都更早到辦公室。因為無論是「在辦公室中工作」或「製作雜誌」，也就是在所謂的「公司組織」中發揮所長，這一切對我來說都是人生的初體驗，焦慮的情緒迫使我提早到公司上班。

每天早上我都會打掃辦公室，做好工作的事前準備，並等待員工們的到來，但這個過程一直讓我覺得有壓力。

從現在起，我就是公司組織內的一員。身為董事和總編輯，我的任何失誤將會造成公司和員工的麻煩。從經營、編輯到人事方面，需要做的事情很多，包括思考、實行和規劃等等，當然也伴隨著許多令人不安的因素。如果我不親自參與所有事務，不站在最前線帶頭動手做的話，將無法為雜誌帶來新的變革。我沒有時間說洩氣話，每天卯足全力投入工作，總是在所有人都離開辦公室後，我才鎖好門窗，結束一天的工作回家。

我必須想辦法成功改造《生活手帖》。《生活手帖》不僅有長期讀者，還有許多支持雜誌的前輩和相關人士，這些因素也讓我感受到壓力。

白天忙得不可開交，晚上筋疲力盡地回到家，躺在床上時感覺自己幾乎累到意識昏迷。然而，僅僅過了一個半小時或兩個小時，我就會醒來，之後就再也睡不著了。等到我終於昏昏欲睡的時候，天已經亮了……。這樣的日子持續了很長一段時間。

失眠讓我對夜晚產生恐懼，擔心自己會不會又在半夜醒過來。即使是休假日，我卻再也無法安然地一覺睡到天亮。

晚上睡不好，白天的工作效率也是明顯越來越差。我一直處於完全無法放鬆的狀態，總是感到焦躁不安。不僅心悸不止，最後甚至無法搭乘電車。人多的地方讓我感到痛苦，每到早晨，身體就動彈不得。漸漸地就連別人的聲音都聽不清楚，我心想：「不能再這樣下去。」趕緊跑去身心科診所求診，結果醫生開了一大堆藥物給我。

「我必須設法做點什麼才行。」

有一天我走著走著，腦中冒出這樣的想法。突然間，我不由自主地加快了腳步，接著開始跑了起來。

當時的我不怎麼運動，自然跑得不快，甚至差點絆倒自己。但是，當我氣喘吁吁，慢慢地開始出汗的時候，卻感覺心情變得稍微輕鬆一些。

在奔跑的瞬間，腦海中的煩惱和擔憂全都煙消雲散了。雖然那天只跑了十分鐘、十五分鐘，但我確實在那一刻做到了心無旁鶩。能夠達到這種「心無旁鶩」的狀態，對於當時的我來說是莫大的救贖。

我也不知道自己為什麼會想要跑步。因為不習慣跑步，所以也跑不了太遠，但是，對我來說，找到這個能讓自己心無旁鶩的方法就是很大的收穫了。

「開始跑馬拉松吧。」

這次我換上合適的衣服，試著走一下再跑一下，就這樣跑跑走走大約三十分鐘。我覺得渾身上下充滿了舒服的疲勞感，那天晚上我睡得很熟。

「或許這是個不錯的方法。」

從那時起直到現在，除非天氣不好，我堅持每天跑步。

當我養成這個符合自己能力範圍的跑步習慣後，感覺身心煥然一新。如果要用語言表達的話，就是一種「氣在流動的感覺」。

這樣的日子持續了一段時間後，我漸漸地從正面的角度看待「失眠」，並對「失眠」這件事產生興趣。

當我跑步的時候，可以忘卻工作上的壓力，進入心無旁騖的狀態。當然，跑步並不能解決問題，但至少讓我比以前更容易入睡了。

一點一點、一步一步地讓自己變得更好吧！

當我的心態轉為積極正向時，接下來我開始思考使用什麼方法來改善失眠問題，而不是依賴藥物。只要找對方法，一定能夠睡得著。我開始這麼認為。

失眠的原因在於工作上的各種壓力。然而，若是辭掉工作，真的就能輕鬆入睡嗎？顯然不是。工作上的問題和人際關係，並不是單憑我一己之力就能解決的問題。如果是這樣的話，那我只要從自己能夠解決的事情開始著手，養成新的習慣或重新審視生活方式等等，這樣狀況應該會有所改善。

然後，我還思考了這樣的事情：「不是只有我一個人睡不著。」

這世上多數人都有無法入睡的煩惱，我沒必要獨自黯然神傷。有時也要豁達一點，告訴自己：「偶爾睡不著也沒什麼大不了的。」不妨放輕鬆吧！

睡眠的目的不是「睡覺」這件事，而是「讓身心得到休息」，只要這樣想就好。如此一來，即使只是躺著，身體也會感到放鬆。

謝謝您的教導

我一直珍視的是「正向思考」這個態度。對於所有事物，都要全心全意地接受並由衷地感激。然後，提醒自己要親切地對待他人。無論發生什麼事都不會怪罪他人。

思考自己今後想成為怎樣的人，想過怎樣的生活。

在這個過程中，有一件事我絕不忘記，那就是在人際關係中「寬恕他人」。這並不是為了別人，而是為了我自身的學習，為了向前邁進的方法。以積極正向的態度重新看待事物；無論發生什麼事，都不以否定的角度評斷事物，並心存感恩，保持寬恕的態度。

感到憤怒的時候，很難立刻達到寬恕他人的心境。但是，不妨思考一下，憤怒的情緒究竟有什麼用呢？這麼一來，怒氣很快就平息了。

表現出憤怒和煩躁的態度，可能會使事情朝著更負面的方向發展，導致問題遲遲無法解決，甚至引發新的問題。

我認為這些發生在自己身上的事、攻擊自己的事、傷害自己的種種事情，對我來說都是一種學習，是將來某個時刻不可或缺的必要經歷。

即使是感到痛苦、悲傷的事，倘若從不同的角度來看，也是「學習」或「新的領悟」。我想，任何學習都值得感謝。

遇到讓自己感到憤怒的事情或狀況時，始作俑者或狀況的背後應該都有其原因。

我希望自己能學會寬恕，不要糾結於每一件事。

意識到生活的旋律

對於年輕時的我來說，完全沒有自己正在「消磨殆盡」的感覺。

只要有精力，我就能無止盡地行動、思考和工作。我以為自己不會有任何損耗。然而即使沒有察覺到，但每天的工作和生活都在大量消耗自己的精力。

電池內的電量並不是無限供應。只要使用電池，電量就會不斷減少，只要工作都會消耗自身能量。如果不了解這一點，不僅會傷害身體，也會讓心靈疲憊不堪。

我想大家或許並沒有充分意識到「自己每天都在耗損能量」。不妨明確地告訴大家，我們無法逃避這種消耗，我們並不是無所不能、無堅不摧，因此要盡量設法避免耗損，提醒自己在日常生活中凡事不勉強，過好每一天。面對工作也是如此，盡可能避免消耗寶貴的生命能量。

因為身體和心靈的能量都是有限的，所以我們應該像對待大自然一樣，秉持著「環保節能的思維」來對待自己。

具體該怎麼做呢？重點在於照顧好自己的同時，有技巧地得過且過。這並不是「偷懶」或「懈怠」的意思，只要凡事注意輕重緩急即可。不要在無意義的地方浪費力氣，也提醒自己不要總是繃緊神經。

當然，大前提是全力以赴、認真工作，不過，假使沒有事先制定好計畫就埋頭苦幹，只會不斷消耗自己的能量，總有一天會倒下。

我在這裡提供一個小技巧。就像音樂有旋律一樣，你可以有意識地將旋律融入每天的工作和生活中。不妨試著思考一下，今天要用什麼樣的旋律來工作？要用什麼樣的旋律來度過這一天呢？

在工作和生活之間保持良好的平衡，適度放鬆，盡量避免能量的過度消耗，提醒自己在時間管理和生活方式上採取「節能」模式。

身體和心靈的能量並非源源不絕，取之不盡。所以我們應該以不會過度消耗自身能量的方式度過每一天。

這樣做是為了保護自己。

只要活著就會遇到各種事情

在過往的人生當中，曾經做過不好的事情、難以釋懷的後悔等等，有時會突然浮現這些記憶，讓人難以入眠。大家是否也有類似的經歷呢？

這些記憶往往比我們想像的更加根深柢固。

舉例而言，在沒有惡意的前提下，假使有人因為自己在路上灑水而滑倒，即使不至於稱之為「犯罪」，但心裡也會產生後悔和罪惡感吧。

就算沒人責怪自己，但心中仍會永遠留下害別人摔倒的後悔和罪惡感。

在日常生活中，類似的情形應該不只發生過一次，後悔和罪惡感也在不知不覺中侵蝕自己的心靈。即使在法律上不構成「犯罪」，但每一件讓自己愧疚到難以忘懷的事情，卻會點點滴滴累積在心裡。這種壓力常常會讓自己無法平靜，進而難以入眠。

每當因為這些念頭而輾轉難眠時，我會這樣告訴自己：「只要活著，就會遇到各種事情。」

正因為自己還不成熟，所以會為了一些無法對別人訴說的事情，自顧自地悲傷、感到痛苦，但其實每個人都會經歷著各種事情。

這並不是要你將自己在某天曾做過的行為或感受當成「沒發生過的事」，而是要認真面對，發自內心反思。在反思的過程中，至少找出一些值得肯定的事情、或發現自己多少對別人有點幫助的地方，放下耿耿於懷，積極正向地面對生活。

光是這樣想，心態也會有所改變。不是受困在「那時候……」的鬱悶感裡，而是從中記取教訓。

為了不回顧過往，永遠只向前看。

生活並非總是美好

每個人都會犯錯或做出錯誤的判斷。無論是自己不堪的一面，還是失敗的經歷，有時類似的情況一再發生，自己也因此感到痛苦，甚至陷入自我厭惡的情緒中，覺得厭倦不已。

那麼，該怎麼辦才好呢？我是這麼想的。

人非聖賢，誰能無過；人類是非常脆弱且愚昧的存在。這種說法聽起來有點像哲學，而我認為「會犯錯才是正常的人類」。因為不安、恐懼、孤獨和欲望，這些令人難以忍受的人性，我們永遠無法擺脫。

什麼是不好的事情呢？那就是會對自己感到失望的事情。然而，正是這些不好的經歷帶來力量，讓自己有機會修正方向，並盡可能以正確的方式活下去，不是嗎？

就以我來說，或許在他人眼中，我這個人看起來是以「正確的方式」在過生活。

「為什麼你每天都能以如此正確的方式過生活呢？」

每當他人詢問這個問題時，我是這樣回答的。

「如果我真的能過上正確的生活，那是因為我做過很多不好的事情。」

我自己也意識到，迄今為止我曾經做過無數不好的事情。雖然沒有觸犯法律，但我也曾傷害過他人，因為與他人意見不合而分道揚鑣，或者導致工作進展不順利，諸如此類的事情不計其數。

「這個人的生活方式真的很棒啊，簡直像神明一樣！」我認為那些被他人如此稱讚的人，其實也曾經做過許多不太光彩的事情。

每個人都有許多無法忘記的過錯。雖然不能一次解決所有問題，也無法全部清理償還，但可以一個一個地用自己的方式去反省、去原諒。我認為唯一能做的就是透過這種方式從中學習。

再次重申，我認為「會做壞事和蠢事才是健全的正常人」，這個想法並沒有錯。

大家都是一樣的。只要抱持這種想法，責備或批評他人的情況自然就會減少，我覺得這也讓自己變得比以前更能夠鼓勵他人或支持他人。

適時逃避

雖然這樣說可能不太恰當，但我認為大家都過於認真了。

要說是認真嘛，或許更貼切的是「過於信以為真」的感覺吧！可能也是被「應該這樣做」或「應該是這樣」這一類普遍的常識觀念所束縛。

年輕的時候，我也是對別人說的每句話全盤接收並深信不移，不管是辛苦還是困難，全都來者不拒，認為「自己必須設法解決」，過著凡事都卯足全力的日子。

我把這些辛苦和困難視為年輕時必經的歷練，這種想法或許也不無道理。然而，如果讓現在五十多歲的我給予建議，我想說的是：「適時地稍微逃避，反而更好。」

我亟欲告訴大家的是：「能逃避的，就逃避吧。」

你是否面對任何事情都全盤接受呢？如果只是一味地全盤接受，恐怕會失去綜觀全局和冷靜判斷的能力。

即使在日常生活中，當你覺得「這樣很可怕」、「這樣很糟糕」的時候，你可以選擇逃避，完全不用在意這種行為是否體面，或是周遭人們的眼光。

我認為懂得及時抽身，才是聰明的表現。

年輕的時候，由於經驗尚且不足，所以很難判斷是否該逃避，但即使無法逃避，也可以選擇「稍微閃避一下」。

閃避，也就是避開要害。在工作和生活中，試著想像自己輕巧地移動身體閃避的景象，盡量避免「自己最脆弱的地方」受到衝擊。即使是稍稍被擊中，也不會造成致命的傷害，為此，必須始終保持「閃避」的意識。

想要做到適時「閃避」，你就必須對任何事物都保持一定的安全距離。因為如果距離太近，便難以及時躲開。過於親近的人際關係，則會讓你被捲入其中而無法脫身。

我認為人際關係的目的絕對不是與他人「越親近越好」。人際關係應當保持適當的距離，只有在戀人或家人等非常特殊的情況下，才會縮短這個距離。

在人際關係中，我徹底貫徹「不與他人結群組黨」的原則。我也認為這是人際關係的理想型態。不與他人成群結隊，以個體的身分在每個場合、每個環境中扮演好自己的角色，這種感覺非常自在。

只要不依附於任何群體，與他人維持適當的距離，這樣就能隨時保持客觀，進而避開很多事情。

為了能適時避開，請記得與他人保持適當的距離吧。

重點複習

- 睡眠的目的是「讓身心得到休息」
- 無論發生什麼事情，都要心存感激
- 身體和心靈的能量並非源源不絕，取之不盡
- 只要活著就會遇到各種事情
- 會使壞才是健全的正常人
- 能避開的事就避開

第三章

逃避與不逃避

痛苦是為了幸福而存在的

我從小就對宗教和略帶精神世界色彩的神祕事物很感興趣。與此同時，我非常喜歡閱讀書籍或向他人請教古今「智者的思想」。

這是因為即使是孩童時期，我也總在尋找內心暗藏疑問的答案，那就是：「如何不被恐懼擊敗，積極正向生活下去？」小時候的我對於幽靈、鬼怪、不明飛行物（UFO）和大地震等超自然現象，以及這個世界上的不解之謎感到極度不安。

總之，我想要解開這些不可思議的謎團。在探索過程中，我察覺到的是，雖然這個世界上存在諸多宗教和思想，但都在「闡述相同的內容」。換句話說，我意識到這些宗教和思想在教導我們，當面對那些不可思議、未知和不確定性的事情所帶來的不安和恐懼時，能夠如何積極地生活下去。

大概是在我十幾歲的時候吧，就和所有人一樣，我也曾經歷過一段每天動不動就覺得「這好可怕啊」、「那真討厭啊」的時期。我一直在思考該怎麼做，才能緩解這種不安和恐懼。最後我得到了這樣的想法。

比方說，在接受按摩時感到劇烈疼痛。我會思考該如何忍受這種疼痛呢？

有句俗話說「痛則不通」，覺得疼痛就代表那個地方有問題，或是狀況不佳。我是不是做了什麼不對的事情呢？我是不是有不健康的飲食習慣？我是不是有不良的生活習慣？我是不是有不好的念頭？換言之，原因在於我自己。如果是這樣的話，透過承受這種疼痛感，就可以抵銷負面因素，也就是「正負相抵為零」。我盡量試著這樣想。「感謝疼痛」的想法，聽起來或許很奇怪，但每當感到疼痛時，我都會在心裡默默地說聲「謝謝」。

雖然聽起來很不真實，但說也奇怪，當我這樣想時，那股疼痛感真的減輕了。這個疼痛要歸責於我自己，並不是任何人的錯，如果我能接受它，就能達到正負相抵為零的效果。這樣一來，疼痛反而變成值得感謝的事。

其實不只是疼痛，所有痛苦和困難的出現都是為了調整自身的平衡。忍受疼痛和苦難確實很折磨。然而，是希望快點熬過去，還是心存感激地接受，這兩種不同的心態會讓自己的感受大不相同。

無論發生多麼痛苦、多麼負面的事情，原因都在自己身上，而發生這些負面事件的目的是為了調整平衡。既然如此，不妨好好地肯定它的存在、反思並接受它吧！負面的事情是為了正面的事情而存在。這種意識對自己的人生將大有助益。

長壽的祕訣

人的內心世界是很複雜的，儘管他人並沒有對自己做了什麼特別的事情，但外界的視覺和聽覺刺激，或是皮膚感受到的一點點壓力，都可能使我們的內心失去平衡。當這些因素累積起來時，將會使人無法客觀地看待自己，也無法做出冷靜的判斷。

當人陷入心神不寧、心煩意亂的狀態，這種時候，我認為「逃避」這個選項就非常重要了。

以前，我曾不經意地詢問一位九十多歲的老奶奶：「長壽的祕訣是什麼？」注重健康、適度運動、睡眠充足，或吃些對身體有益的食物。我原本以為會聽到這樣的答案。

但是，老奶奶是這樣回答我的。

「我長壽的祕訣在於逃跑的速度呦！」

這是一個令我感到震撼的答案。

戰爭的時候，發生自然災害的時候，總之當自己覺得害怕的時候，老奶奶說她比任何人都逃得更快。就算周遭的人還在說「沒問題啦」，老奶奶也會三步併做兩步地逃走。她說：「因為我很膽小。」

「雖然被大家嘲笑，但我還是逃走了。那些沒有逃走的人後來都吃了不少苦頭。」

是啊，在日常生活中，如果覺得害怕或察覺到危險，我認為不用在意世俗的眼光或周遭人們的看法，最好的做法就是趕緊逃跑。

世人往往認為逃避是懦弱的表現，是可恥的行為，但是，當你感到害怕時，無論遭受多少譴責，最好還是選擇適時逃避。

我認為與其忍受霸凌的痛苦去學校上課，適時逃避絕對比硬著頭皮去上學更好。在職場上也是如此，如果覺得「真討厭耶、好可怕啊」，最好不要遲疑，趕緊逃離現場。

我們應該永遠保留「逃避」這個選項。

如果過於逞強，任何事都正面迎擊，一旦事情演變成無法挽回的局面，一切都將失去意義。

逃避是長壽的祕訣。不妨牢記在心吧。

矛盾是理所當然的

我們常常在不知不覺中在意世俗的眼光。然而，我們並不知道所謂「世俗」指的是哪些人，以及他們究竟在何處。也許只不過是因為自己在乎，而自行構築出「世俗」的存在而已。

放下這種自我意識吧。過於在意世俗什麼的，並不會帶來任何好處，只是讓人感到疲憊不堪。

此外，我們也應該明白，矛盾無處不在。

凡事都有矛盾之處，在所有的事物中都能找到矛盾的痕跡。因此，我們應該用理性的態度來看待事情，不要執著或在意每一件事。

矛盾的出現是理所當然的，這是我的想法。

舉例來說，我一直認為「會使壞、會犯錯的人，才是健全的正常人」，但這個觀點本身就存在矛盾。

不糾結於矛盾，不煩躁也不煩惱。我認為這是一種「智慧」的表現。不必過於認真。因為這世上不存在完美無缺的事物。

矛盾是人之所以為人的本性，出現矛盾才是理所當然的。因此可以說，其實有矛盾才不矛盾。

一切就從絕望開始

比如失戀、比如朋友的背叛、比如突然失去工作……。

每個人在一生當中，或多或少都曾經陷入絕望的深淵。

「已經完蛋了。」

「我失去了一切……。」

在這種時候，人很容易鑽牛角尖，但是，境隨心轉，悶悶不樂也無濟於事。也許一時半刻很難振作起來，不妨允許自己消沉一、兩天之後，再來思考新的事情。危機就是轉機，索性把這種絕望視為一個大好機會也未嘗不可。

不，我們就這樣想吧。

因為人只有在舉步維艱、陷入絕望的心境時，才會開始認真思考解決辦法。此時，人會主動打開平常不會使用的開關。

只有在被逼入絕境時，才會絞盡腦汁想出新的點子，才會不顧一切地發動絕地大反攻。這樣看來，絕望也是一種強大的能量來源。

有人曾告訴我這樣一句話：「絕望，不是盡頭。」

絕望是一切的開端。絕望既不是終點，也不是失敗。

從歷史上看，這個世界上有許多創新、美好的事物，都是從「完蛋了」、「傷腦筋」、「痛苦」、「悔恨」、「一籌莫展」等絕望之中應運而生。人類因陷入絕望的困境，而發明出了各式各樣的東西。

為了克服絕望，人類出於生存的本能，會產生新的想法。新穎的創意靈光一現，進而創造出能改變世界的新商品、新制度和新文化。

因此，在絕望時嘆息，只是浪費時間而已。不妨把絕望的心情和感受轉化為正面的動力吧！

這是我第一次去美國時發生的事。在即將回日本的時候，我身上僅存一點點零錢，錢包裡只有一點五美元。

雖然有回日本的機票，但我卻回不了日本，因為我沒有錢去機場。我既不能步行到機場，也買不起食物。

「該怎麼辦……」

就在這時，我第一次非常認真思考「該怎麼辦才好」。

從某種意義上來說，那是一個絕望的瞬間。但即使如此，我還是得想辦法活下去。我需要吃飯，也必須去機場。

我看了一下自己身邊的物品。於是，我下定決心。

「把這個包包賣掉吧。把能賣錢的東西全都賣掉。」

我在路邊鋪上報紙，再把自己的東西擺上去。

有幾個人停下腳步。

他們問我：「怎麼了？」

我回答道：「因為沒錢了，所以我把自己的東西拿出來賣。」

聽到我的回答後，其中一個人不知道是驚訝，還是覺得我可憐，總之把三張二十美元的鈔票塞到我手裡。得救了！這下總算可以去機場了。

那時候的我，只能勉強度日，所以才會搞到自己連去機場的車費都沒有。

如果是現在的我，我想應該會在陷入如此絕望的情況之前，努力多做點什麼。

但是，我還有另一種想法。

除非被逼到走投無路，否則人不會採取行動。

因為還不到絕望的地步，所以不會付諸行動。

只有在陷入絕望之後，才會看見目標，才會絞盡腦汁卯起來動腦。

沒經歷過絕望的人生當然更美好，但是，如果你感到絕望，哪怕只有一點點，我希望你能想起這句話。

絕望，不是人生的終點，也不是失敗。在絕望中失去一切，那就代表你即將從谷底反彈，以此為起點展開新的希望。能夠打動人心的新想法和新發現，也會隨之誕生。

一切都從絕望開始。歡迎絕望！來吧，絕望！

不要逃避思考

我平時有一個習慣，那就是思考自己的煩惱和不安。

對於日常生活中可能會發生的煩惱和不安，別假裝看不見，而是要認真面對並思考如何解讀這些煩惱和不安。該如何判斷接下來的道路怎麼走？或是選擇一條新的跑道？無論哪一個都不容易找到答案，然而，養成思考的習慣卻至關重要。

為了避免在事情發生時，因驚慌失措而無法思考，試著培養不依賴他人，以及每天獨立思考的習慣吧！當你遇到困難，或不知所措時，不要急著用智慧型手機搜尋答案，而是先用自己的大腦仔細思考。

培養這個習慣也許並不容易。可能既沒有時間，也沒有心情去思考。「思考」本身就是一件很麻煩的事，面對問題和困難也很痛苦，儘管如此，重要的是不要逃避這些痛苦。

對於現實中發生的事情和困難的現況，我們經常在不知不覺中逃避現實，心想倘若可以的話，最好能放任不管。然而，如果選擇當作沒事發生，或拖拖拉拉不處理，情況只會變得更加嚴重。

儘早養成「用頭腦思考」的習慣，就是把自己從無法挽回的局面中拯救出來的不二法門。

「這就是上天給予我的考驗。」

「我學習到寶貴的一課。」

「雖然很辛苦，但未來就在前方。」

像這樣轉換思路，以正向思考來面對煩惱，這樣一來，辛苦的程度就會稍微減輕一些。

不要逃避思考。先用自己的頭腦想一想。請謹記這一點。

重點複習

- 負面的事情是為了正面的事情而存在
- 逃避是長壽的訣竅
- 矛盾無處不在
- 一切就從絕望開始
- 養成獨立思考的習慣

第四章

享受思考之旅吧

「我還撐得住」的想法是大忌

對於自己的煩惱和不安，就像定期站上體重計一樣，若養成定期檢查的習慣，不僅能讓自己安心，還能增加與自己內心對話的機會。

另一方面，「不要過於相信自己」，這一點非常重要。身體也是如此，特別是「心理狀態」，因為既無法度量，狀態的好壞也非肉眼可見。最怕的是過於相信自己，以為自己還能堅持，表現出很開朗的樣子，但其實心靈早已經疲憊不堪。

今天比昨天更疲憊，晚上當然比早上更疲憊。這一點，任何人都沒有例外。如果不採取措施，恢復消耗的部分，損耗就會不斷增加。

結果就是失去活力，或變得總是焦急煩躁，甚至可能對周遭的人事物失去反應能力。這是非常可怕的一件事。

為了避免這種情況，何不時常提醒自己要將「消耗」和「恢復」並重思考呢？

不要讓自己成為像是全速前進而磨損的輪胎，而是試著隨時停下腳步，然後，放下手邊的事情。暫停思考，好好地環顧四周，大口地深呼吸，讓自己放鬆下來。有意識地養成這個習慣，等到習慣成自然之後，這個習慣反而會令人覺得很舒服。

此外，「不用事必躬親，試著放手將事情交給別人處理」。就從這些事情開始試試看，也是不錯的方法。避免獨自承擔所有的事情，盡可能想出減少自我消耗的方法吧！

隨著年齡增長，電池耗損的速度自然也會加快。如果沒有意識到這一點，難免會過於自信，認為自己「沒問題」。

即使是自認為內心強大的我，也曾在四十多歲時罹患過憂鬱症，長期處於健康不佳的狀態。那時我學到了一個重要的教訓，就是不要過於相信自己。

嚴禁說出「我還撐得住」這句話。

踏上思考的旅程

生而為人，最基本的事情就是「自己思考」。

此外，更重要的是「持續思考」。答案不只一個，說起來，找到答案的這件事並不是目的所在。如果非要說有什麼目的，也許就是持續思考，或者說，持續煩惱。

思考、煩惱。這些絕對不是痛苦的事情。

打個比方，就拿旅行來說吧，走在陌生的街道上，不斷地經歷各種邂逅，這也是旅行的樂趣。

在持續思考的過程中，可能會從意想不到的地方得到啟發。「是這樣嗎」、「還是那樣呢」，在內心摸索、嘗試錯誤，或是質疑各種事物，從各種不同的角度思考眼前的問題或事件，並在意料之外的地方得到令人欣喜的啟發。

雖然不是自己尋求的答案，但也會有一些料想不到的領悟和收穫。這就是自己思考與ＡＩ人工智慧的不同之處。透過這種方式獲得的發現和啟發，將會成為我們的智慧、豐富我們的人生，並為未來帶來幸福。

話雖如此，在「思考」過程中，既會有令人喜悅的事，也會有不愉快的事，有時還會出現新的困難，但這一連串的事件也是寶貴的學習經驗，一定都是自己所需的知識和經驗。

重要的是，如果什麼都不思考，只是隨波逐流地活著，不僅找不到答案，也不可能會有任何新的領悟、學習或發現，最後可能會走上一條依賴他人和外界、沒有自我意志的人生道路，這才是最可怕的事。

在資訊爆炸的現代社會中，只要善用ＡＩ並知道如何搜尋，或許不用深入思考也能生存下去。因為外界會提供我們所需的答案，所以沒必要特別費力去思考。然而，如果一味地依賴這些科技，把接受現成的答案視為理所當然，思考能力將會退化，想要回到原來的狀態，就需要付出相當的心力。

ＡＩ和搜尋引擎提供的答案，充其量只是「資訊」，而且也很難確定這些資訊的準確度。況且ＡＩ和搜尋引擎並不能告訴我們人生的真諦。

誠如前述，答案不只一個，找到答案也不是目的所在。「不急於尋找正確答案」亦是一種心態。即使你覺得「這可能是正確答案吧」，但這個正確答案很快就會被其他答案取代，這就是現代社會。答案是無窮無盡的，不拘泥於答案的這個想法非常重要。

透過摸索和嘗試錯誤，對很多事物保持懷疑的態度，從各種不同角度思考，我們就能找到自己應該前進的道路。

這就像旅行中的體驗一樣，要向右走還是向左走，一切由自己判斷，這正是旅行的妙趣所在。

不要忘記閱讀

我認為「持續思考」累積的是心靈層面的經驗。

一旦忘記累積心靈的經驗，我覺得恐怕會變成只能在有形的物質中感受到幸福，或淪為只追求這些身外之物的人。這難道不是一件非常不幸的事情嗎？

不要從有形的物質中尋求幸福。我一直都想成為能從精神層面的事物中感受到富足的人；想要做到這一點，確實需要心靈層面的體驗。因此，必須借助「知識」的力量來幫助我們持續地深入思考，而不被資訊的洪流所淹沒。

這樣的「知識」和「學習」很難從網路上獲得，那麼，應該從何處獲得呢？我想可以先從書籍這個媒介開始著手。

我發自內心地認為，培養閱讀習慣，光是這樣做就能翻轉人生。如果因為太忙碌或嫌麻煩、懶得做而忽略了閱讀，大腦所接收的刺激就會減弱，也會錯失吸收知識的機會。

書籍既是一條「線」，也是一個「面」。舉例來說，撰寫一本專業書籍時，作者會不斷引用大量的相關參考文獻。一份參考文獻就等同一條線，將這些線串連起來，編織成一個完整的面，形成對讀者來說具有說服力的內容。

說起來，網路擅長的是提供片段和即時資訊，與書籍的本質截然不同。網際網路當然能提供協助，但透過閱讀書籍的體驗，智慧將在讀者的心中漸漸生根發芽。

書籍，可說是人類對某一事物產生興趣後所累積的精華。所謂的精華，就是將分散的資訊加以整理並匯集起來的結晶；是作者經過深思熟慮，歷經時光沉澱後所凝結出來、以真實為名的精華。智慧就蘊含在這份真實之中。

此外，閱讀不僅是一種獨處的方式，也是享受「孤獨」這種奢侈體驗的最佳途徑。

如果覺得感動，不妨深入探究

當你閱讀某人的書籍並從中獲得知識、深受感動時，難道不會忍不住想了解這位作者是個什麼樣的人嗎？

這位作者讀過那些書？

這位作者受到哪些書籍的影響？

就像這樣深入探索，有時原本難以從表面上窺見的祕密和本質，就會逐漸顯現出來。那是只有自己才知道的重大發現。

從一本書，一位作者開始，一本接著一本，接連不斷地閱讀各種書籍，這就是閱讀體驗中的重要收穫。

有些人經常在看過書籍簡介或故事大綱後，就覺得自己好像已經讀過這本書便匆匆結束，這樣實在太可惜了。書籍簡介或故事大綱，充其量只是「開場白」。

當你仔細閱讀一本書並對它產生興趣，接下來，可以試著去尋找對這本書產生影響的其他書籍或作者。這種「追根溯源的樂趣」也是閱讀的醍醐味。

你會驚訝地發現，啊！原來是受到了這位作家的影響，原來對這件事情深感痛心。隨著故事的情節展開，作者所看到的世界就像親身體驗般呈現在讀者的眼前。

接著，可以試著閱讀影響了作者的人所撰寫的書籍，同時研究一下在作者生活的時代流行什麼樣的音樂。文學與音樂、文化都有關聯，有時甚至延伸到漫畫和電影。

讓自己感興趣的內容不斷擴展，你會發現即使時間再多也不夠用。

我認為閱讀最大的樂趣不在於故事或內容的好壞，而在於了解作者「為什麼必須撰寫這本書」。

書籍並不是能讓人體會到這種樂趣的唯一途徑，我覺得音樂和藝術的世界也有相似之處。

在音樂和藝術的世界裡，有時我們會覺得某一天突然出現了具有獨創性的作品，但這些作品應該都有其根源。無論是畢卡索還是馬諦斯，作品都有其誕生的背景和起源，像「宇宙大爆炸」般突然出現全新事物的情況並不常見。

我們能在閱讀各種書籍的過程中，深入挖掘這些作品的源頭和背後的故事，可以說是一件非常幸福的事情。透過閱讀，了解書中展現出來的世界，也有助於拓寬自己的視野。

即使孤獨，也不孤單

當國家和文化不同時，思考方式會有很大的差異，即使在同一個國家的同一個時代，也存在著想法迥異的人。了解這一點非常重要。

在閱讀各種書籍之後，有助於學會接納他人，因為我們可以從書中看到人生百態。

只要閱讀過去的書籍就會明白這一點。只要你持續地閱讀，不難發現無論是古人還是現代人，大家都有類似的煩惱。為愛情煩惱、為家庭煩惱、為工作和人際關係煩惱。

當你發現「不是只有自己」遇到這些煩惱時，這個認知將成為緩解當下不安情緒的契機，不是嗎？

我常常覺得閱讀不僅是一種樂趣，也是一種療癒心靈的方式。

重要的不是在書中尋求「答案」，而是與這些「契機」的相遇。

在閱讀這些百年古書時，你會覺得自己彷彿跨越時空，與一百年前、兩百年前的作者對話，品味著那種特別的時光。當你意識到無論是煩惱、迷惘或思考，古今皆然的時候，你就能親自體會到「原來我並不孤單」。

儘管社會和文化發生了變化，但幾百年來，人們都在感受著同樣的事情，也為同樣的事情而煩惱。

當你知道原來他們也會感到焦慮不安和恐懼時，反而會覺得「既然如此，那我也沒什麼好煩惱的」，這種感覺真的很奇妙。

即使是感覺孤獨而輾轉難眠的夜晚，只要隨手翻開一本書，閱讀也會讓你感覺自己並不孤單。即使身邊沒有能讓你忘卻孤獨的人陪伴，但在書中有浩瀚無垠的世界和人們，正在等著你我去尋找、去發現。這就是閱讀的樂趣，書中充滿了許多人生的啟示。

夏目漱石以《我是貓》等作品而聞名，據說他的創舉是「寫出有趣、好玩且容易閱讀的書」。在此之前，小說的內容多半是晦澀難懂的文章，而喜歡「落語」（譯注：類似單口相聲）的夏目漱石把小說改成了容易閱讀的風格。當我知道這件事後，我也對那個時代的落語產生興趣。

我們可以從一本書中學到非常多知識，也可以不斷深入探索。

我由衷地認為，晚上在床上只盯著智慧型手機看，實在是太可惜了。

重點複習

- 「我還撐得住」的想法是大忌
- 不急於尋找正確答案
- 培養閱讀的習慣
- 如果覺得感動，不妨深入探究
- 從古至今，大家都有相同的煩惱

第五章

不被人際關係所束縛

保持適當的距離

在床上翻來覆去，卻怎麼也無法入睡。

每個人應該都曾經歷過這樣的夜晚吧！在這種時候，我絕不會為此煩惱，只是會想，好吧，偶爾也會遇到睡不著的時候。

然後，我會以一種樂在其中的心態，思考自己面對失眠的方法。如果就像這樣躺在床上讓腦中思緒自由飛翔，不知不覺中，那些失眠時的雜念，便悄悄地轉化成有助於調整生活方式的一種自我照顧。

「為了改善生活方式所進行的調整」，這種自我照顧就像是對自己進行全面檢查。詳細檢視內心的每一個角落，審視自己的思考方式，逐項檢查每一個行為。自己有什麼傾向？是否有偏差？是否有錯誤？

說得誇張點，這些審視自我的過程甚至可以成為改變人生的轉折點。我就是透過這種方式持續地檢查和調整，在不知不覺間變得能夠安然入睡。不僅如此，我甚至覺得自己彷彿獲得了重新思考人生的絕佳機會。

每天的工作、人際關係以及生活，乃至於人生都得到了改善。「自我照顧」和「睡得著」所帶來的好處竟然如此之多，連我都感到驚訝。

而這些顯著變化讓我得到的好處當中，相當重要的一個是「人際關係」。

一旦到了我這個年紀，憑藉著過往的經驗多少能夠明白，無論是在工作還是私人生活中，遇到那些讓人感覺「啊，似乎有點難相處」，或「這個人不是我擅長互動的類型」時，我會選擇保持距離，而不是勉強自己去靠近對方。

二十多歲、三十多歲的年輕人，因為還年輕，經驗也不夠豐富，往往會與自己不擅長應對的人發生正面衝突。即使嘴巴不說，也容易在態度上表現出不滿情緒，或者強忍著不表現出來，導致經常在心中累積煩躁的情緒。到了夜晚，這些事情無意間浮上心頭，心想著「我無論如何都無法原諒那件事」，然後就失眠了。

我年輕時也有過很多類似的經歷，但經過歲月的洗禮後，現在的我會想：「是不是我把別人說的話或做的事，都太當成一回事了？」

我們從小就被教導「不管和誰都要和睦相處」、「不論發生什麼事都要忍耐」；與每個人和睦相處、認真處事固然很重要，但是請稍微想一想，人與人之間本來就不可能百分之百地理解彼此。請務必明白，不論是多麼親近的人，多麼喜歡的人，我們都不可能做到全然地理解彼此。

只要活著，在人際關係中就免不了發生各式各樣的事情。可能在意想不到的地方與他人發生齟齬，或引發衝突，或為了一些芝麻綠豆般的小事而被懷恨在心，抑或在自己完全不知情的情況下引起他人的反感，這些都是常有的事。

如果對每件事情都耿耿於懷，那自己的身心恐怕會招架不住。與其說是用破罐破摔的心態去面對，不如告訴自己：「那好吧，這也是沒辦法的事。」放手，也是一種選擇。

當你被迫面對自己不擅長應付的人時，首要任務就是保護好自己「最脆弱的地方」，仔細觀察對方的態度，避免遭受攻擊。

所謂「最脆弱的地方」，或許也可以說自己比較敏感的地方吧，就是那些會讓自己感到厭惡的事情，即使那是微不足道的小事也一樣。想要守護「最脆弱的地方」，我認為重點在於事先充分了解自己的喜好和厭惡。那麼，該怎麼做才能找到自己「最脆弱的地方」呢？只要在失眠的夜晚中，找到那些干擾睡眠的因素，並牢記在心中即可。

舉例來說，可能是關於外表的事，也可能與過去的黑歷史有關；可能是對方的態度或言詞；可能是嫉妒或羨慕的情緒；可能是關於家人的事；可能是關於工作或朋友的事。

如果你知道自己的脆弱之處，反之，你也會知道自己的「強項」在哪裡。只要能夠保護好自己的弱點，應該就能避免致命的傷害。這不是「逃避」，而是「保護」的概念。只要能時時刻刻牢記「保護自己」，應該就能比以前活得更輕鬆一點。

在人際關係中，假使與自己不擅長應對的人發生正面衝突，就難以做到保護自己。因此，只要退一步，盡可能與對方保持適當的距離即可。

不要輕易地討好別人

你是不是深信「關係融洽就等於好事」呢？你是不是認為「關係冷淡就等於壞事」呢？

特別是一到了春季，隨著新生開學典禮、班級調整、入職典禮、部門變動等等，這些情況都會衍生出新的人際關係。與此同時，你可能會感到焦急，覺得自己必須盡可能努力結交到好朋友。

然而，我覺得這些想法「有待商榷」。

我認為就算是覺得寂寞，也不應該因為寂寞就盲目地討好別人。不要為了與人交好而刻意親近他人，相比之下，首先要珍視的是生而為人的重要事情。也就是，做一個能享受孤獨的人至關重要。

話雖如此，在日常生活中，很難做到完全不在意人際關係，因為人不可能離群索居，每個人的生活或多或少都與他人有所關聯。

那麼，人際關係的最終目的是什麼呢？我覺得應該不是為了「關係融洽」。為了拉近距離而過度迎合對方，忘記生而為人最重要的事情，只會讓自己受到束縛或感到壓抑。與其如此，我認為還不如「保持適當距離的相處」要來得重要許多。年輕時的我因為不明白這一點，曾經度過一段痛苦的日子。

當時的我總是想要結交更多的朋友，想要和大家成為好朋友，想要受到他人的喜愛。

如果有聚會活動，我希望自己每場活動都能獲得邀請。基於這樣的想法，我對任何人都面帶微笑，即使自己的意見與他人不同，也會選擇閉口不言。以八面玲瓏的身段，拚命擠出虛假的笑容，迎合大家的話題。

每天過著這樣的生活，朋友的數量隨之大幅增加，外出遊玩的機會也越來越多。但是，我漸漸意識到一件事，朋友的數量越多，就代表人際關係的壓力越大，也更容易發生令人煩心的事情。

「如果和這個人成為好朋友，就不能和那個人成為好朋友了。」

「我和男女雙方都是朋友，但他們已經分手了，那麼當男方和女方都來邀約時，應該以誰為優先呢？」

這些細微的壓力接踵而至。於是，我被捲入越來越多的麻煩之中。

「你明明拒絕了我的邀請，為什麼去參加了另外一邊的聚會？」

每當遇到他人的質疑時，我就不得不為自己想出藉口。一旦這種情況越來越多，結果就只剩下痛苦了。

我原本以為結交很多朋友、有很多熟識的人是一件重要的事，結果卻讓自己疲憊不堪。朋友之間也會有感情失和的情況，有時因為我說的話引起內鬨，而我也被逼問「站在哪一邊」，陷入裡外不是人的窘境。

不僅如此，我還失去了最重要的東西。在忙著與朋友維持良好關係的過程中，完全失去「獨處的時間」。這對我造成了龐大的壓力，完全不亞於因朋友不和所帶來的痛苦。

然後，我發現了「就算結交很多朋友，也沒有什麼好處」。

從那以後，我會刻意與朋友保持距離，增加獨處的時間，重視與自己相處的時間。

不是閉門不出或封閉自己，而是學會一個人獨處，成為一個即使不與任何人聯繫也能平靜度日的自己。而且，不再抱持著要與他人一起行動的想法。不隨波逐流、不再被他人或社會所左右，努力活出自己的人生。為此，我需要的是什麼？我思考自己應該要學習什麼？要改變什麼？

雖然這不是一件容易的事，但當我開始這樣思考時，我感覺到自己的內心慢慢平靜下來，逐漸變得寧靜祥和。

那時候的我深刻體會到，對我來說，擁有與自己對話的時間是一件多麼重要的事。

每個人在孩童時期往往都會壓抑自己的感受，勉強自己加入群體，或試圖迎合大多數人的意見。在教室裡，如果沒有同伴，形單影隻，大家會覺得這樣的人看起來「很可憐」，所以往往會盡力融入群體。然而，當我們長大成人後就會明白，一個人獨處，既不可憐也不丟臉。

不與人成群結隊，保持適當的距離感，不僅能讓心靈平靜。也能讓我們用真誠的態度對待他人。藉由保持舒適的距離感，可以減少各種壓力，也不會迷失自我，保持心平氣和的狀態所建立的人際關係，反而能維持得更加長久。

在人生當中，我們總是在意想不到的時候遇到各式各樣的麻煩，或是有這樣的感受：有時自己認為與對方關係良好，但對方的態度卻會突然改變。然而，只要時刻注意與他人保持適當的安全距離，不要迷失自我，就至少可以

「避開」這些麻煩。

重申一次，不要因為寂寞就努力地討人喜歡。相反地，首先要重視生而為人最重要的事情；成為能夠獨處的自己，是一件很重要的事。

不要對他人有太高的期待

接下來繼續討論人際關係吧。

我經常提醒自己，不管跟對方的關係有多好，也不要對他人有「太高的期待」。

話說回來，你不覺得「期待」本來就是一種非常自私的情緒嗎？

你是否會自作主張地吹捧讚美某個人，擅自認為他一定會按照自己的想法去做，甚至表現可以超出自己的預期？我認為這種想法非常自以為是。所謂的「自以為是」，或許也可說是自私的另一種表達方式。

當你聽到我說出「不要對他人有太高的期待」之類的言論時，你可能會覺得我給人一種冷漠的感覺。

但是，我並不認為自己是個冷漠的人。實際上，恰恰相反。我之所以會產生「不要對他人有太高期待」的心態，是因為我意識到在人際關係中，許多壓力源自於「期待」，而且是來自單方面的「期待」。

任何人都有可能無意中犯錯。我也總是一直在思考，如何追求更舒適的生活方式，深切期望自己可以過更好的生活。

然而，不管怎麼想，我並不是一個完美的人，況且這世上根本就不存在完美的人。因此，我們必須以「人無完人」為前提來看待人際關係。

若以這個想法為前提，我認為意圖對他人懷有「期待」的心態實在太自私了。你不覺得嗎？即使大家都很認真地過生活，但人並不是為了滿足他人的期待而活，應該會有很多無論如何都做不到的事，也會有很多犯錯和失敗的時候，無心之過卻造成他人麻煩的情況，也是常有的事。我希望自己不要忘記「人非聖賢孰能無過」這個前提。

「不要對他人有太高的期待」，這句話並非不尊重對方，也非不信任對方。

我在工作中遇過許多人，從他們身上我獲得各式各樣的刺激和啟發。舉例來說，像是同事、前輩、客戶和相關人士等等，他們會親身走訪各種地方，對於當前的發燒話題瞭若指掌。他們知道現在最受歡迎的甜點師傅，也知道附近哪間咖啡館可以享受寧靜時光。他們在生活中將觸角伸向四面八方，四處搜集和追逐最新資訊。聆聽他們講述的內容，確實會帶給我刺激和啟發。

單靠我一己之力能蒐集到的資訊很有限，也無法輕易地聽到各式各樣的資訊，所以我非常佩服他們，深感敬意。

即使是與我的工作沒有直接關係的人，例如農民種植出新鮮美味的蔬菜、工匠製作出讓我長時間工作也不易疲勞的椅子，或在身體不舒服時可以求助的醫生等等，各式各樣的人在某些方面與我產生交集，並支持著我的生活。我非常尊敬這些人，也希望自己在有生之年不會忘記他們的存在。

然而，就算是各行各業的頂尖專家也非完美無瑕。有些事情即使你滿懷期待，他們也做不到。活躍於日本國內的攝影師，在海外取景拍攝時也未必有出色的表現。即使向優秀的醫生諮詢人生建議，他也可能答非所問。畢竟，每個人都有「不完美」的地方。在這個由「不完美的人」所組成的世界裡，我希望能生活在相互尊重、相互信任，彼此坦誠相待的環境中。我的想法是，不追求完美。

他人不可能完全按照自己的意願，這是理所當然的。因為每個人都有自己的人生。

面對社群媒體，不要在意是否有人按讚

當你乘坐電車時，是否注意到對面座位上的乘客，幾乎都在全神貫注地滑手機呢？不僅如此，或許你自己也在滑著手機。

他們可能在瀏覽新聞網站，也可能在查看股價，也有人是在玩手遊吧！但是，我想大家最常看的應該是社群網路服務（SNS）的應用程式，不是嗎？例如X（推特）、Instagram、TikTok等等。

社群平台上，每個人都可以自由地發表意見和資訊。在過去，資訊媒體僅限於雜誌、報紙、電視和廣播，而如今，資訊媒體已經握在自己的掌中，而且追蹤者的數量越多，身為「網紅」的影響力就越大，也能成為世人所矚目的存在。LINE成為朋友之間相互聯繫、盡情聊天的工具，已經深植於大家的日常生活中，我自己也是使用 LINE 與家人、朋友和工作夥伴保持聯繫。

身處於現代社會中，社群平台無疑已成為一種衡量自我價值的重要工具。然而，我有一個疑問，那就是：「真的有必要毫不掩飾地公開展示自己嗎？」

說是好朋友之間的關係，在彼此相處愉快的時候當然是沒問題，但誰也無法預料這樣的朋友關係何時會變質，不只令人痛苦，甚至為自己和對方帶來災難。人際關係就像雪花般轉眼即逝，曾經看似美好的關係，可能在某天突然變得令人厭煩，甚至連多看一眼都覺得痛苦。這就是我認為最好不要嘗試在社交網站上建立親密人際關係的原因。

在作家或藝術家當中，有些人頻繁地更新社群平台的內容，主要是為了讓更多人了解自己的工作，我也是其中之一。我也能理解大家難免會在意有多少人對自己按讚，但因為太過在意以至於造成壓力，那就需要謹慎考慮這樣做是否值得。

我發表的內容，有多少人按讚？是哪些人按讚？

老是在意這些事情，導致整夜無法入睡，不僅對身體和心理都極為不健康，對自己也沒有任何好處。

社群平台有利有弊。我認為，不應該對於與陌生人之間的互動有所期待。特別是晚上躺在床上的時候，盡快關閉手機電源，努力地讓自己閉上眼睛進入夢鄉。

不要在意別人給的評價

在網路上搜尋自己的名字，或是與自己有關的公司、組織或服務，查看自己寫的留言和文章，這種行為被稱為「自我搜尋」（egosurfing）。換句話說，就是了解自己的評價。

雖然在查找資料的時候，搜尋功能是非常方便的資料來源，但透過「自我搜尋」來了解自己或與自己相關事物的評價，是否真的有意義，我對此抱持懷疑的態度。若能從客觀的角度來看待這件事，或許也是件有趣的事。

如果看到自己的正面評價，這絕對是令人非常高興的事，但是，如果看到負面評價，應該也會深受打擊吧！當然，將這些評價當成一項課題，坦誠接受評價並努力改進，絕對不是一件壞事。然而，問題在於我們不知道這些評價有多少正確性，又能反映出多少被評價者的本質。

我只是隨意地更新 Instagram 和 X（推特），卻偶爾會有人告訴我：「松浦先生，你前陣子的貼文引起相當大的迴響哦！」

這樣一來，我不禁會對大家的看法感到好奇。是誇獎還是貶低？但即使如此，我認為「自我搜尋」並沒有任何好處，所以我盡量不去看。雖說依然會想知道他人對自己的評價，但我不會在意。

與其在意評價，更重要的是對自己的言論負責。大家都擁有言論自由和發言的權利，但我認為在社群平台上，最基本的禮儀是留意自己的言論是否真的能讓人感到幸福。

每個人都需要思考如何使用社群平台。這不是一件非常容易的事情，如果因為擔心評價，整夜緊盯著螢幕，甚至到了失眠的程度，還不如一開始就不要發文。

有很多好的評價，自然也會有很多不好的評價。所以，別再在意每一個評價吧！停止追逐評價。

如果真的是自己應該知道的評價，自然就會有人告訴你。

留意聊天工具或 LINE 的使用

即使和遠方的人也能盡情享受聊天的樂趣，因此我也經常使用聊天工具和LINE，但是我仍然希望自己不要忘記與他人保持適當的距離。

如果是感情融洽的好朋友，毫無保留地分享當天發生的事情，如此親近的距離感，或許彼此都覺得樂在其中吧！但是，如果某個人是透過這些即時通訊工具來迅速拉近彼此的距離，根據過往經驗，這個時候就需要稍加注意。

與辦公室的同事相處時，我會表現出「隨時都願意傾聽」的態度。因為這些同事是我在現實生活中會接觸到的夥伴，而且他們負責的工作也是在我的責任範圍內，所以我會表現出這樣的態度。

但是，偶爾也會有一些與我不熟的人，卻靠過來跟我聊天，每當出現這類情況時，我的心中就會亮起黃燈、警鈴大響。

儘管應該保持適當的距離，但對方突然提出尖銳的問題，而自己也一時不察，然後就在不知不覺中帶著情緒回答對方。一旦開始與對方對話互動，接下來便會接二連三地收到訊息。而且，對方訊息的結尾帶著質問的語氣，如果不回覆，感覺像是自己忽視了對方，甚至有可能會演變成非常棘手的情況。

不要透過聊天工具或 LINE 討論重要的事情；將聊天工具和 LINE 視為聯絡工具，而不是用來對話的工具。

原則上只用來聯絡事情，而不是討論事情。俗話說「江湖在走，手機要有」，只要手上拿著智慧型手機，就能輕鬆地發送任何訊息，因此更要隨時注意，不要打亂自己的步調，並保持穩定的狀態。

回覆郵件盡量控制在五行內

有時會收到長篇大論的郵件，但即使如此，我在回覆郵件時，頂多就是五行。這是我對自己定下的規則。

這世上沒有任何規定要求，只因為對方發來的郵件又臭又長，自己的回覆也就必須一樣。我想很多人一聽到「五行」，或許會覺得：「五行會不會太短了？」但如果像是這樣的郵件內容，你覺得如何呢？

〇〇先生／小姐，

謝謝您。

關於週三下午三點在澀谷的會議，我已知悉。因為我想討論〇〇的項目，所以煩請您準備〇〇資料。

麻煩您了。

松浦敬上

郵件的回覆內容應該簡明扼要，但要包含回覆對方提議的日程安排、希望在會議中進行的事情，以及希望對方在會議前準備好的事項等等。原則上，這封郵件沒必要寫得很冗長。

雖然不是嚴格的規定，但如果你對自己定下「最多五行」的原則，工作時的思維轉換將會變得更加清晰。如果是必須寫出超過五行的郵件內容，我會選擇直接與對方見面，或者透過電話溝通。

關於郵件，我還想強調一件事。這也是我自己需要注意的一點，那就是根本不應該寫出讓人難以回覆的郵件。

在發出郵件之前必須留意：「如果發出這封郵件，收件人是否會為了回覆或處理這封郵件而感到困擾？」應該從一開始就盡量避免傳送這種會讓對方感到困擾的郵件。

就算只是傳送郵件，我們也必須時刻保持適當的距離感。舉例來說，如果你收到了一封冗長的郵件，其實原因就在於你讓對方覺得你在閱讀郵件之後，會做出相對的回應。或者，應該反省自己是否也曾經對對方造成類似程度的困擾，或有冒犯失禮之處。

重點複習

- 與自己不擅長相處的人保持適當的距離
- 不要因為孤獨而刻意討好他人
- 不要對他人有太高的期待
- 不要在意他人是否按讚
- 不要自我搜尋
- 不要透過聊天工具或 LINE 討論重要的事情
- 回覆郵件最多不超過五行

第六章

不是「知道」而是「理解」

察覺金融素養的變化

你是否有過這樣的經驗？當你閉上眼睛，準備入睡的時候，突然想到某些事情，於是開始思考，最後覺得既鬱悶又煩惱。

我思考的則是在今後的人生中，自己的未來將會如何變化的問題。因為白天的時間總是忙碌不堪，光是要完成眼前堆積如山的課題和工作就得竭盡全力了，根本沒有時間慢慢思考這些問題。

然而，在萬籟無聲的寂靜夜晚，身處於黑暗的空間裡，不知從何時起，不知源自何處，一股莫名的不安悄然襲來，讓人開始擔憂未來的事情。一旦開始思考這些事情，就很難再入睡了。

尤其是關於金錢方面的事情，擔心自己「今後真的沒問題嗎」，對於財務狀況懷著不安心情的人，我想應該不在少數。

就拿當前面臨的現實問題來說吧！像是陷入債務困境的人、失業後沒有收入的人，或者是工作非常辛苦，但拿到的薪資卻不成比例的人。在這種情況下，造成不安的原因很明確，所以解開不安情緒的關鍵其實很簡單。

可以去公設的債務問題諮詢窗口尋求協助，或者尋找其他工作，很快就能找到解決對策的線索，因此至少在準備就寢的時間裡，盡量不去思考這些問題，這樣自己才能放鬆休息、緩解疲勞。

待充分休息、疲勞消除後，再來研究問題的解決方案並付諸行動！行動必定能開啟解決問題之門。

我想，債務或失業確實會讓人感到非常不安，但在晚上睡覺的時間思考這些問題也於事無補。

可以嘗試把正在煩惱的事情寫在筆記本上。首先，充分理解現實，不要逃避現實。然後，開始按照順序一步一步地採取行動來解決問題。無論是多麼小的事情，只要開始採取行動，情況也會朝著好的方向發展。最糟糕的是什麼都不做。

另一種棘手的情況是：煩惱的原因並不是因為現實問題，只是對於未來的經濟狀況莫名地感到不安，導致難以入眠。曾經有人說過「為了老年生活，建議準備兩千萬日圓的存款」，這樣的說法也被廣為流傳。聽過之後，難免會懷疑自己真有辦法存到這麼多嗎？為若干年後的未來，擔心到夜不成眠。這種擔憂不是具體問題的煩惱，而是單純的擔心，卻使得夜晚格外漫長難熬。

但是，我認為應該從根本來思考這個問題。

如果與過去相比，現代人的金錢觀本來就有相當大的變化，不是嗎？我現在覺得「金錢與幸福未必能畫上等號」。

你所擔心的事情，也許根本不值得擔心。

在我年輕的時候，我覺得似乎有非常多的人認為「金錢就是一切」。只要有錢，就無所不能，所以無論如何都要賺錢，然後存錢。我自己也經歷過這股風潮，對我父母那一代來說，尤其是如此。

在過去的年代，如果有人問起：「你為什麼要工作？」我想那個年代的人會毫不遲疑地馬上回答：「為了錢。」這種「金錢至上」的觀念，或許不知不覺中已經在腦海裡根深柢固。如果是那樣的話，現在就拋棄這種觀念吧！

我認為對於現在的年輕人，或今後生活在這個時代的人來說，這種觀念已經逐漸淡化了。而且，也許終有一天，「金錢至上」的觀念會完全消失殆盡。

更重要的是，我認為有越來越多的人開始意識到，真正的富足不是金錢、物質，而是內心的寧靜與充實。而且，我覺得這種情況已經開始有跡可循。

不久之前，社會上甚至沒有「金融素養」之類的詞彙。所謂的素養，原本的意思是指讀寫能力，但現在通常用來指某個領域的知識和運用相關知識的能力。所謂的「金融素養」，可以解釋為與金錢相關的新知識和聰明理財的方法。

我相信現在的二十多歲、三十多歲的人，應該已具備了新時代的「金融素養」。他們認為金錢固然很重要，但金錢並不等於幸福，在這個觀念之下，更重要的是找到屬於自己的生活價值。

在網路上獲取關於金錢的新觀念、新資訊的同時，他們對於金錢的運作方式及其本質也形成個人的獨特見解。當金錢的概念本身發生變化時，人們如何理解金錢的價值、如何以自己的方式靈活運用，所謂的「金錢素養」也不斷變化。我覺得這是一件很棒的事情。

我認為，「金融素養」的核心概念在於「與金錢建立新的關係」。在過去，大家將「儲蓄」視為一件好事，但是，現在有越來越多的人認為「光是存錢並沒有意義，必須加以運用」。新的觀念已經轉變為如何有效運用金錢，以金錢創造出價值。

此外，社會上還出現另一種新的思維。那就是「反正都要花錢了，不如在消費時獲得回饋點數」，因而積極參與各種集點活動。想必你對於電子貨幣、信用卡等各種金融工具也是運用自如吧！

使用這些工具，在支付金錢的同時，還能從中獲得額外的利益。只是儲蓄而非有效利用，在今後的時代裡，也許是「不划算」的行為。可以說，今後在運用金錢方面還須加入理財策略。

目前，抱持著這種想法的人開始增多。現在正是從舊觀念脫胎換骨轉變為新觀念的時期。儘早察覺到這種「金融素養」的變化，一步一步地從自己能力所及的事情開始做起，在腦中安裝新的金融素養，那些莫名的擔憂反而會逐漸減少。

簡而言之，擔憂的根本原因在於「無知」，只要學習與金錢相關的最新概念、資訊和知識，那些擔憂就會消失了。如果有「不明白」的事情，不管任何事情，只要弄懂即可，只需努力去理解就好。

簡單來說，只要調整生活方式或重新審視對工作的思考方式，出乎意料地竟能快速解決缺錢的煩惱。

金錢等於信用的時代

直到不久之前，大家的觀念還停留在金錢不是萬能，但「沒錢，萬萬不能」。而且，人們認為自食其力和自掏腰包才是正確的事，吃苦耐勞被視為一種美德。

因此，只要談到金錢，就等同是「價值」本身。絕大多數人會認為「金錢就是一切」也不是沒有道理。

舉例來說，假設你想到：「我來創立一家公司吧！」首先，你會需要準備一筆為數可觀的資金。把這筆錢當成公司的啟動資金，才能正式設立公司，把自己一直以來心心念念的事業付諸實行。

然而，現在的情況已經不同了。

即使身無分文，也可以設立一間公司，這是因為相關法律已經有所改變。此外，你還可以透過網路尋求大眾的支持，發起群眾募資（crowdfunding）來籌集資金，只要有人認同你的創業理念，並且願意投資，你就能募集到資金。

換句話說，即使口袋裡沒錢，只要能獲得他人信任就可以了。沒錢也不是什麼特別丟臉的事情。

事實上，有這種想法的人越來越多，他們透過群眾募資創立事業、到世界各地推展活動，甚至實現了以往認為不可能實現的夢想。

深入思考後，我認為「有錢才是幸福」的時代正在逐漸走向終點。當世人對於金錢的價值觀、世界觀都出現這樣的變化時，我相信未來與金錢相關的煩惱也將隨之改變。

當然，那些有一餐沒一餐的人，他們的煩惱則另當別論，但對於日常生活無虞的大多數人來說，關於金錢的煩惱或擔憂，我想，今後會越來越搞不清楚什麼才是正確答案。

一直以來，我們將金錢視為「目的」或「價值」，但是，那些在金錢方面擁有先進想法的人，卻把金錢稱之為「工具」。

他們認為金錢不是「目的」，而是「工具」。為了實現自己的「目的」，應該「如何」使用這個工具呢？我想起了曾經有人告訴我，這就是他對於金錢的看法。

然而，我預測今後的世代會從「金錢等於工具」的觀念出發，朝向另一個層次邁進。在我的想像中，他們試圖建立的觀念是「金錢等於信用」。我是這麼想的。

金錢既不是「目的」，也不是「價值」，更不是「工具」，而是「信用」。如何從社會中獲得更多的信用呢？身處在萬事萬物都朝向視覺化發展的時代，信用才是最有價值的財富。

換句話說，金錢就是依據使用方式所產生的「信用」。更進一步來說，我們應該為自己儲存和運用的也是「信用」。

隨著這些觀念的變遷，我甚至覺得在現今的社會中，金錢的可貴和價值似乎不再那麼受到重視了。實際上，我們身處在一個不使用錢包的時代，或者說是不需要隨身攜帶紙幣或硬幣的生活方式。

社會上也出現了「以虛擬貨幣支付薪水」或「用電子貨幣支付」的公司。虛擬貨幣不僅可以支付房租，用來購物也完全沒問題。隨著這種趨勢的發展，我認為金錢最終將失去有形的「實體」，並且越來越接近無形的「概念」。

短短的十幾年前根本無法想像的未來，已經悄然開始。無論你我都要清楚地意識到，我們正生活在一個瞬息萬變的時代，為了不被時代淘汰，時時更新資訊吧！

你和我都無法置身事外。唯有持續不斷地研究新的課題，才能在這個世界上生存下去。

這是一個相當艱難的時代。一想到這些問題，或許會導致夜裡難以入眠，但是，不用擔心。大家都生活在同一個世界裡，這不是你獨有的煩惱。

磨練理財技巧

近來，運用金錢的理財觀念發生了極大的變化。

關於金錢的新思維已經不是「目的」或「價值」，也不是「工具」，而是「信用」。既然「金錢等於信用」，如何藉由信用來掌控金錢，這件事變得更加重要。無論是你還是我，每個人都需要具備這項技能。

在說明價值觀的變化時，先前提到的「群眾募資」或許算是容易理解的例子，但是，這件事在十幾年前還是有點難以想像，你不覺得嗎？隨著網路的普及與發展，過去被視為荒誕無稽的事情，如今已變得司空見慣，我想這就是一個頗具代表性的例子。

說起來，包括我在內的許多人，一提到金錢方面的煩惱，多半是因為負債累累。

反省後發現，這是因為在欲望過度膨脹之下，無法冷靜地判斷現實所致。

「如果每個月分期付款的話，應該沒問題吧？」

有很多人抱持著這種輕率的幻想，一不小心就越花越多，結果債務就像滾雪球一樣越滾越大，以至於徹夜難眠。

雖然現在依然有不少人面臨類似的煩惱，但我認為將來與金錢相關的煩惱，或許會更加多樣化。

在熟練地使用電子貨幣、信用卡和哩程積點的過程中，即使沒有實際付出「勞動」的汗水，但回過神來卻發現根據這種運用方式，也能在不知不覺間累積點數或哩程數，甚至相當於一筆可觀的金額。此外，也有許多人會利用累積的哩程數享受海外旅行，但是，在我年輕的時候並不存在這樣的事情。

而現在光是搭乘飛機，或是在便利商店買罐飲料，就能累積哩程數或點數。在這個新世界裡，也開始出現「幾乎不使用現金」的人。他們花越多錢，點數就像滾雪球般越來越多，結果有些人僅靠點數就能維持生活。

金錢的價值與過去相比，已不可同日而語。同樣是一萬日圓，與過去流著汗水辛苦賺來的一萬日圓相比，已經完全不同了。因為債務或資金周轉等問題，長期以來讓我們煩惱、睡眠不足的金錢，它的本質已經改變了。

為何不將這種變化視為機會呢？

首先，不妨學習新的「金融素養」吧！金錢已成為「信用」，實際上，虛擬貨幣就是建立在「信用」的基礎上。

既然如此，那就掌握「信用」並充分利用，維持明智的生活方式。

這是一個艱難的時代，但也有點像遊戲。

無論是增加還是使用的，不再是金錢，而是「信用」。不妨以積極正面的態度看待這一切，然後安心入睡。

成功者的定義正在改變

在知名大學就讀，進入一流企業工作，不斷晉升……，這就是過去人生中所謂的「成功」。

目標是考進錄取分數較高的大學就讀，畢業後進入薪水待遇優渥的公司工作。工作時要觀察上司的臉色，就連休假日也忙於應酬。在中元節和歲末時節送禮，汲汲營營地想要爭取比周遭的人更高一點的職位。一大早就搭上擁擠的電車，加班工作，這場競賽要一直持續到退休的那一天。

如今，還有多少人選擇走上這種社畜人生的道路呢？

「不一定要出人頭地，生活充實比較重要。」

我想，有越來越多的人認為，比起必須承擔繁瑣管理職責的頭銜，能按照自己的節奏完成工作，擁有一點點資產，這樣的人生更美好。

換句話說，相較於公司內的職位或公司的前景，他們發現在公司之外的地方提升自己的格局更有價值。

「成功」的概念也徹底改變了。

終身雇用制已經瓦解，對公司的忠誠心之類的精神逐漸成為過去的遺物。

相較於公司職位，只要具備新的「金融素養」，同時累積知識、經驗和職業生涯，並且增加自己的資產，這樣就足夠了。平時的工作所得，絕大部分都用於日常的生活開支。

至於資產的運用，既然連政府也在推動，我想有很多人已經開始投入資產管理的行列。對於這件事，社會上或許會出現各種不同的意見吧，但我們不得不承認現實環境已經進入這樣的世界。

在金錢觀念與趨勢瞬息萬變的當下，將會有越來越多的人面臨過去無法想像的新煩惱。

坦白說，要隨時跟上新的資訊並不容易，但身處價值觀不斷變化的今日，我打算同時關注過去和未來的動向，在思考未來的同時，也不忘記過去。把這兩種價值觀保存在自己的心中，過好每一天。

這正是生活在這個時代的我，所能做到的事。

對於那些因為煩惱或擔憂金錢和生活方式而失眠的人，我能提供哪些資訊，來協助他們解決問題呢？

這不僅僅是關於金錢的問題，還涉及經濟、社會、醫療、科技等各個層面，與自己的工作和生活息息相關；重要的不是「已知」，而是「理解」。「已知」和「理解」，這兩者之間的區別將決定我們的命運。

不能只是「知道」就覺得安心。我們的人生取決於我們如何「理解」這些重要的事物，而不僅僅是停留在「已知」的層面。

重點複習

- 金錢不等於幸福
- 金錢就是依據使用方式所產生的「信用」
- 磨練理財的技巧
- 重要的不是「已知」，而是「理解」

第七章

不要害怕孤獨

質疑「睡得著才算好」的想法

想要心平氣和地安然入睡，必須做好兩件事。第一是檢視自己對於人生、工作和人際關係的看法。就像凡事都需要檢查和調整一樣，時常保持坦率的心情，重新審視這些問題。第二是從能力所及的地方開始，哪怕是一點點也好，提醒自己要加以修正。

我認為只要能意識到這兩點，那些妨礙睡眠的焦慮不安和煩惱就會在不知不覺中平息，進而獲得舒適的睡眠。

話雖如此，我希望大家思考一件事，難道「能夠入睡」就是好事，而「無法入睡」就是壞事嗎？

晚上能夠熟睡，固然是一件很棒的事，但另一方面，失眠的夜晚也可能另有其意義存在。

如果不眠之夜也有它存在的意義，那麼是否不必為了失眠而悲觀呢？我在某個夜晚出現這樣的想法。

如果失眠也有它的意義，那就不必過分抗拒。坦然接受失眠的夜晚，或許其中也包含著對自己來說不可或缺的意義。

在我的人生當中，所有思考方式的核心就是完全肯定。

完全肯定，也就是說，接受所有的事物。更進一步來說，還有心懷感恩。這些就是我人生中核心思想的起點。

即使是遲遲無法睡著的夜晚，也不要「心生厭惡」。如果無論如何都睡不著，那麼背後一定有某種意義或理由。我會將這件事視為某種必然的結果，而且還會心懷感激地說一聲「謝謝」。我覺得這樣做，就能漸漸放鬆下來。

換句話說，就是將思維轉換成雖然「睡得著的日子是恩賜」，但「睡不著的日子也是恩賜」的想法。如此一來，即使睡不著，也不會覺得那麼悲傷了。

肯定一切的思考方式是治療百病的萬靈藥。

我在四十多歲的時候經常失眠，夜裡輾轉反側，備受煎熬。

在一天之中有早晨、白天和夜晚，大多數人的生活都遵循「白天工作」、「晚上睡覺」的基本原則。

但是，也有很多人選擇在夜間工作，為這個世界提供確實且堅定的支撐力量。如果以大多數人為例，早上「起床」天經地義，晚上「睡覺」也是理所當然的事，是不是有很多人都深信「晚上不睡覺是一件不好的事」呢？

但現實情況是，睡不著的自己就在這裡。

「為什麼會這樣呢？」

在某天持續煩惱這個問題時，我想說不然四處問問看好了，於是就向在工作中關照過我的人以及我尊敬的人，詢問了關於失眠的事。

結果竟然出乎我意料之外。原來每個人都經歷過輾轉難眠的夜晚，並不是只有我一個人睡不著。

每個人都有失眠的時候。每個人都會想辦法度過失眠的夜晚，迎接早晨。知道這一點後，我意識到自己並不孤單，同時也感到釋然。在感到安心的那一刻，我想起了過去的一件事。

我記得小時候在半夜醒來，偶爾會看到母親正在看書或做針線活。

「媽媽，你還沒睡啊？」

當時我只是這麼想，但現在回想起來，她一定是睡不著吧。也許是因為睡不著，所以她才做點針線活或看書。也許這些是母親為了讓自己能產生睡意所想出的方法。

明明隔天早上她必須比任何人都更早起床，但母親一定是因為某些原因睡不著。就連母親也有失眠的時候。

透過跟自己熟識的人交談以及兒時的回憶，我的心情變得輕鬆了許多。

我以為只有自己是陷入失眠困境的悲劇主角，但後來發現「原來大家都是這樣，不是只有我一個人」。

固執地堅持「我一定要睡著」，這種念頭不僅令人痛苦，反而更難入睡。

一直試圖做自己做不到的事，不久之後，就連夜幕降臨這件事都會令人心生恐懼。於是我想，如果真的睡不著，乾脆就別再去想「我要睡著」不就好了嗎？

當時，我練習的第一件事就是躺下來，讓身心好好休息。

舉例來說，晚上十一點躺在床上時，我試著不把這段時間當成「入睡」的時間，而是將其視為「讓心靈和身體休息」的時間。

至於是不是能睡著，只有到了那個時候才知道。我決定試著這樣想。更進一步來說，其實哪一種結果都無所謂。

曾經是我的導師，同時也是一位編輯的前輩，在面對因為失眠而煩惱的我時，他是這樣告訴我的：「只要躺著就行，即使整晚都沒睡著也沒關係。因為即使只是躺著，隔天的疲勞恢復程度也會有所不同。」

當我依照他建議的方法試試看時，我發現不只是身體，就連精神上的疲憊感也有所減少。

如果睡眠的目的是「讓身心得到休息」，那這樣就足夠了。

讓自己從「我一定得睡著！」的壓力解放出來後，心情變得很輕鬆。

試著將這段時間重新詮釋為放鬆、休息的時間，而不是睡眠的時間。在這段時間裡，不管醒著也好，睡著也罷。最重要的是讓自己放鬆心情。

不妨試著從「睡得著才算好」的咒語束縛中解放出來吧！

這是我從自身經驗中想要告訴各位的事。

質疑「解決問題才算好」的觀念

試著質疑那些被世人視為常識的事情。

有時，我會這樣思考。

無論是在工作中，還是在人生當中，一旦發現問題，人們往往認為解決問題是理所當然的正確做法。

但是，真的是這樣嗎？

曾經有人跟我說過一件事，雖然不確定真偽，但因為聽起來還挺有趣的，所以我想分享這件事。

根據那個人的說法，在印度人的思考方式和意識中，對於解決問題的概念十分薄弱。印度是一個擁有超過十四億人口的國家，而且現在的經濟發展很亮眼，所以當然不是所有人都是如此。

但是，就某種程度而言，他們不急於解決問題，認為「順其自然」也很好，而且跟日本相比，逐一解決所有問題的想法好像也沒有那麼強烈。

更進一步來說，印度從未主動對其他國家發動戰爭。解決問題所帶來的後果往往伴隨著衝突，最後可能會演變成國家之間的戰爭。

無論這個說法是否屬實，我對於這種不執著於解決問題的思維感到佩服。與其執著於「解決」，不如向前看，創造新的事物，這種思維更具有發展性。據說他們是這樣認為的。

印度現在已經成為ＩＴ大國，並且開發出各種新技術。另一方面，印度仍然面臨各種問題，例如嚴重的貧富差距、根深柢固的種姓制度等等。儘管許多問題尚未解決，但印度仍然朝著繁榮國家的方向不斷向前邁進。

就像這樣，我一想到印度這個國家儘管充滿矛盾，卻依然以驚人的速度不斷前進時，我也漸漸放下了問題一定要解決的執念。

絕對要解決失眠的問題啊！當腦海中出現這種執念，倒不如接受失眠這個問題，以一種順其自然的態度面對它，這樣對我來說好像比較輕鬆。

「與其解決失眠的問題，不如單純地接受它」，為何不讓自己這樣想呢？

也許我們不需要尋找特效藥。

在徹夜難眠的夜晚裡，乾脆先躺下來，讓身體和心靈休息一下。

放空自己，放慢速度，然後放鬆心情。

是的，不妨就想像自己正置身於如母親懷抱般的河流之中，順其自然地前行吧。

死亡不過是「睡著後再也沒醒來」而已

去年，我所敬仰的導師去世後，我度過了一段茫然若失的日子。自己尊敬的人驟然離世，難免會讓人感覺無比悲傷和孤寂。

另一方面，我對於「死亡」的想法可能比其他人來得更簡單明瞭。「害怕死亡」、「不想死」，很多人隱隱約約有這樣的想法。但是，沒有人經歷過「死亡」，所以不知道死亡究竟是什麼。

因為未知，所以恐懼，心中產生不安的理由來自於「未知」。

不過，我對「死亡」的想法，非常簡單易懂，單純只是「睡著後，再也沒醒來」而已。

關於「死亡」，許多人被病痛、傷害、意外事故、痛苦等因素煽動了恐懼心理，不是嗎？

然而，我不覺得「死」有那麼可怕。我認為死亡不過就是「睡著後再也沒醒來」而已。

人會產生莫名的不安感，在某種程度上是無可避免的吧。

今後會不會失去重要的人或伴侶呢？

一想到自己被孤獨地留在這世上，面對孤單的將來，就會感到極度不安。不知道自己還能活多久。

但是，現在還活著的人當中，沒有人擁有死亡的經驗，所以我們不知道死亡究竟是什麼。結果只能靠想像，於是我決定這樣說服自己：「只是睡著後，再也沒醒來而已。」

當我試著這樣說服自己後，對「死亡」的恐懼和不安就煙消雲散了。

我們每天都會入睡。然後在幾個小時後，我們會醒來。但是，所謂的「死亡」就是睡著後再也不會醒來。

當然，這只是我一廂情願的想法。雖然只是我自己這樣認為，但這樣想的話，「死亡」這件事就沒那麼可怕了。你不覺得嗎？

雖然我不知道實際會發生什麼情況，但當死亡來臨時，也許會覺得有點痛苦，然後慢慢睡著吧。

也許身體的某些部位覺得疼痛。也許會覺得不舒服。

即使如此，最終還是會像失去知覺般沉沉睡去。如果沒再醒來，那就是「死亡」。

如果能從這個角度看待死亡，我想就沒必要因為想到死亡而過於恐懼，甚至煩惱到難以入眠。

我以前也曾經被這種恐懼感所籠罩，擔心自己萬一生病了怎麼辦，萬一遇到意外事故怎麼辦，甚至有一段時間害怕自己「什麼時候會死」。

但是，我相信真正的「死亡」一定一點也不可怕。

「只是睡著了，再也不會醒來。」

我過往的人生至此告一段落。這種感覺就像是完成了自己被賦予的任務，不是嗎？我就是這樣告訴自己的。

衰老是自然規律

隨著年齡的增長，我深切感受到，以前做起來輕而易舉的事情，現在卻變得很吃力。視力模糊，看東西不再清晰了；聽力變差，聲音較小就聽不清楚了；不知道自己把手機放在哪裡了；容易疲倦等等。

我是一個愛操心的人，雖然從來不會忘記約定，但有時在翻看行程表時，也會突然驚覺：「啊，原來這個會議是明天耶！」

隨著年齡增長，身體的各個部位開始出現一些問題。但是，我認為這一切都是再自然也不過的事，這不就是順應自然的規律嗎？

一粒種子從發芽，長出葉片，莖幹茁壯到花開花謝，同樣也是自然的過程，我不想違抗這個過程。汽車也是一樣的道理，在使用多年之後，自然會出現一些損壞的地方，必須經過修理維護，這輛車才能繼續行駛。

我並不認為衰老是一件不幸的事。

當年紀漸漸步入高齡，手部麻木、膝蓋疼痛、體力衰退等等，這些毛病會越來越多吧。

我想很多人會感嘆：「不應該是這樣啊！」

但，這就是生命的自然現象。如果我們接受自己應有的狀態，認為「這很正常」，就不會感到悲傷，也不必為此感到悲傷。

人類本來就是既脆弱又容易受傷害。因為我們是生物，所以本來就會這樣。汽車也是一樣的，在使用了七十年後，也會出現應該出現的問題。只要能記住這一點，也許可以變得更寬容、更善待自己，不是嗎？每個人都會變老，大家一律平等，所以並不是只有自己覺得痛苦。

既然衰老是人人平等的事情，我希望自己不要為衰老而煩惱，盡我所能地享受人生。我不想把自己封閉在象牙塔裡，而是認識許多不同的人，與他們交流、閱讀書籍、累積經驗。

在這樣的日子裡，我想感謝令我有所頓悟的人事物，並且保持積極正向的生活態度。對我來說，我所遇見的每個人，都是教會自己「某些事」的老師。我盡量帶著「凡我所遇，皆有所得」的心態，努力過好每一天。

無論是小孩，還是比我年輕的人，他們都能成為我學習的對象。即使他們並不是直接告訴我，但透過他們的行為、言語、一些小動作或想法，我也能從中學習到一些道理。

只要帶著這種想法生活，我們就會對明天充滿期待，對於衰老的恐懼感也將隨之消散。

比孤獨更痛苦的是孤立

也許有一天，我們也會經歷這樣的時刻，親人或摯愛的伴侶先我們而去，感覺自己在這世上無依無靠，因而為此陷入悲傷之中。

但在這個世界上，也有許多本來就沒有伴侶、孑然一身的人。

我應該如何面對孤獨才好呢？

很多人問我這個問題。然而，我自己並不認為孤獨是一件多痛苦的事。

因為我認為孤獨是生而為人的基本條件。

這是我自己從年輕時就經歷的各種事情當中，不斷思考該如何詮釋孤獨，最終所得到的答案。

孤獨是生存的條件。接受孤獨。感謝孤獨。正因為如此，我們才會想要友善待人，幫助他人，關懷他人，不是嗎？

自從這樣思考之後，我不再覺得孤獨很痛苦了。

正因為孤獨，我們才會對他人心存感激，為他人著想。正因為孤獨，我們才能審視自己，面對自己，並且不斷成長。這絕對不是一件輕鬆的事，但每個人都要憑藉自己的力量走完自己的人生之路。就像用一己之力讓自己的船隻前行一樣。

不過，還有比孤獨更痛苦的事情。

那就是孤立。

沒有人只需要自己；自己也不接受他人。更確切地說，就是只要自己好就行了。

也可說是把一切事情都歸咎於他人的生活方式。

孤獨和孤立，雖然這兩個詞彙寫起來只差一個字，但意思完全不同。人與人之間完全無法溝通，或者無法得到他人的回應，這就是孤立。

我的想法是，孤獨是生存的最低條件，所以屬於可以接受的範圍，但孤立卻是自己造成的。孤立是自己的責任。

如果不能接受孤獨，就會陷入孤立

願意接受孤獨的人會想要與他人打招呼，友善對待他人，當看到有人遇到困難時，也會想要伸出援手。然後，也會萌生出與他人一起做些什麼、分享幸福的念頭。

光是心中存有「想要做些什麼、分享些什麼」的想法，就能建立起溝通的橋梁。

我認為那些陷入孤立的人，通常是不會為他人著想的人。他們往往過度依賴他人，總是向外尋求幫助或期待對方滿足自己的需求。

此外，或許是因為支配欲、占有欲或控制欲等欲望作祟，所以才讓自己逐漸走向孤立，不是嗎？當支配他人的欲望無法滿足時，他們會更加否定他人，最終陷入孤立的狀態。

如果無法接受孤獨，人就會變成總想要求別人按照自己想法去做的模樣，也會變得自私自利。這樣一來，這個人將會越來越孤立。

而且，這種人就是身旁的人越多，越覺得寂寞，並且對他人提出更多無理的要求。

我認為，孤立的人是尚未確立自我「個體」的人。

隨著時代變遷、隨著年齡增長，自己本身也應該與時俱進。如果不打破舊有的窠臼，勇於改變，就會變得越來越孤立。是的，我們必須改變自己。

想要他人對自己言聽計從、想要占為己有的心態，我認為是可怕的負面情緒。但另一方面，我也認為這種心態恐怕是人類本能的一部分。正因為如此，我們必須提醒自己注意這一點。我始終這樣認為。

無論是什麼關係都不能跨過界線，破壞自己與他人之間的適當距離。

這個道理不只是僅限於人與人之間的關係，就拿自然環境來說，由於人類將大自然視為自己的所有物，所以才導致大自然遭受破壞。

我們應該意識到，原本就沒有什麼東西是屬於自己的。若能與他人保持良好的距離，將會從距離中產生美好的情感，就是感恩和尊重。

無論對任何人、任何事物、自然環境，哪怕是一個小小的杯子，我們都要學會感恩和尊重。

我認為這種感恩和尊重，能讓我們維持良好的人際關係和距離感。不能失去適當的距離感，導致試圖支配事物或他人；或是讓錯誤的距離感引發誤解。如果誤踩紅線，可能會使人煩惱到難以入眠。

在新冠疫情期間出現了一個新的詞彙：「社交距離」。我認為在日常的人際關係中，維持適當的距離也絕對有其必要性。因為這樣既可以避免不必要的衝突，也是保護自己內心的一種方法。這是感恩和尊重的一種表現。

重要的是避免侵犯到他人的邊界。

有一個詞彙叫做「相愛」。所謂的相愛，並不是面對面，而是並肩朝著相同方向前進。大家是不是都忘記了「相愛」的這層含意呢？

將「並肩朝著相同方向前進」當作心中的一個理想，我希望自己時刻銘記在心。

無論對方是否比我年輕，或他們的地位如何，只要懷著感恩和尊重的心情，與他們保持適當的距離，我覺得這樣就很幸福。

我認為「相愛」這個詞的意思是「相互成就」。如何幫助對方自由自在、無拘無束地活出自我，如何理解對方並給予支持，這就是我所認為的相愛。

我們應該互相關心，力求讓對方一直處於自由自在地生活的情況。

不斷思考什麼是互相成就。這一切的源頭正是建立在感恩和尊重之上。

從這個角度思考，內心就會變得平靜，夜晚也會過得更舒適，不是嗎？

我堅定地如此相信。

重點複習

- 每個人都有無法入睡的夜晚
- 即使無法解決問題，也要保持積極的心態
- 死亡不過是睡著後再也沒醒來而已
- 衰老是自然規律
- 比孤獨更痛苦的是孤立
- 對他人懷有感恩和尊重的心

第八章
我常用的助眠方法

回想三件讓自己開心的事

希望平靜地迎接一天的結束，這是每個人的願望吧！

然而，在日常生活中，總是會遇到一些痛苦或悲傷的事情。只要還活著，這些都是無法避免的事。當自己遇到這些痛苦或悲傷的事情時，無法入睡的夜晚也會隨之而來。

煩惱、困擾、痛苦和煩悶的情緒，不管再怎麼討厭，總是會不請自來。

而且，我們無法完全消除這些情緒。

但是，我認為我們應該可以「減輕」和「接受」這些情緒。

在某個失眠的夜晚，我一直思考著：「為什麼我會睡不著呢？」在翻來覆去的過程中，腦中也持續思索著各種原因。

我得到的結論是「也許我的內心缺少了些什麼」。

因為心中有所缺失，所以無法入睡。當缺失的部分得到滿足時，應該就能睡著了。

然後，在尋找心中缺失的那一塊拼圖的過程中，我突然發現一件事。

「莫非是缺少了感恩的情感嗎？」

「感恩的情感」。換句話說，其實在一天當中，肯定會出現幾次自己覺得「喜悅」、「快樂」和「美好」的時刻，只不過到了一天的尾聲時，卻變成了似乎從未發生過。這就是我所體悟到的事情。如果能想起這些自己覺得幸福的時候，感激之情自然會湧上心頭。

不妨用感恩的心情來結束一天，創造一個睡前例行習慣吧！

因此，我當時就這樣想，何不讓自己試著喚起「感恩的情感」呢？

具體來說，就是當自己躺到床上、準備睡覺的時候，回想一下今天發生過的三件事：令人高興的事、感到喜悅的事、值得慶幸的事。

將記憶時鐘的指針往回撥，回想一下早晨的事情。

想起每天必做的跑步行程：「今天早上的感覺很好，不用停下來改成走路，直接跑完了十公里。」

然後，再回想一下今天發生的事情。

「今天收到了我要的原稿，比預期的時間還要早呢！」

「午餐的義大利麵真好吃。」

天氣有夠好的，看見萬里無雲的美麗藍天耶！就算是這樣的小事也無妨。

一整天下來，應該會有一些值得回味的事情。

比方說，不妨試著回顧某一天的生活吧！

今天早上，和身旁的人互道早安，感覺真的很好。這是一件。「公園的花開得真漂亮啊！」這又是一件。「今天的晚霞也太美了吧！」這樣就已經湊齊三件了。心想：「是啊，原來今天真是美好的一天！」心情也隨之轉變。就這樣，躺在床上靜靜地回憶今天發生的幸福時刻就好。

當你找到這些美好的瞬間，原先覺得「今天很辛苦」、「發生了很多令人不爽的事情」，這些負面情緒就會轉變為正面情緒。這樣一來，不僅心情平靜下來，自己也能安然入睡。

即使是你覺得最糟糕的一天，應該至少也會有三件好事，但實際上可能還有更多。只要將從早到晚的事情回顧一次，就算整個早晨都沒一件好事，那中午或下午，總是會有一些好的事情發生。

重要的是以感恩的心情結束一天的生活。我覺得，這是讓人生不會走上痛苦道路的生活智慧。

我這種「以快樂的心情結束一天」的想法，更像是一個小小的發明。

而且，若從積極的角度來說，我相信即使在那些令人生厭或痛苦的事情中，應該也有值得感謝的地方。

被他人刁難的時候，如果試著從「這種行為會讓人覺得不爽」的觀點來思考，光是轉換思考的角度，就能從這件事中學習到很多。假使能感謝對方給了你這個學習機會，即使是被刁難，也能列入「幸福」的清單中。

對自己來說，在每天的生活當中，一定會有值得學習的地方。用幸福感來結束一天的意志非常重要，我認為，這是為了生存下去的訣竅。

在一天即將結束之際，試著回想三件你覺得美好的事情吧！

毫不誇張地說，自從實行這個方法後，我開始期待睡覺的時間。沉浸在那些被我遺忘的幸福記憶之中，安然入睡。

請務必嘗試看看。

今天晚上就可以開始實行這個方法，更重要的是，效果立竿見影。

好好休息

如果晚上沒有好好休息，白天的專注力就會受到影響，工作效率也會因此降低。在這個時候，最重要的事情就是休息。

詢問之後才知道，考量到工作效率，「每隔二十分鐘休息一次」是保持工作專注力最有效的方式。

聽到二十分鐘休息一次，是不是讓大家留下一種工作沒多久就休息的印象呢？但實際上，這樣不僅能專注於工作，而且工作效率也提高了。

在進入這家公司之前，我對於「休息」的認知，比較像是中午休息和下午三點的下午茶時間之類的感覺。如果是以前的工匠，他們的休息時間大概是上午十點、中午和下午三點。

但是，在這家公司，員工會設定好計時器，時間一到就放下手邊工作，好好地休息。結果不僅提高了工作效率，還有「減少疲憊感」等好處。我還記得當時自己對此感到驚訝，心想：「適度休息真的很重要啊！」

雖然不是每二十分鐘休息一次，不過，現在我會每工作一小時，無論五分鐘還是十分鐘，都會放下工作，好好地休息。

我不會連續工作超過一小時。休息一下，讓自己提振精神。稍微活動一下身體，讓疲憊的身心恢復元氣，然後再次集中精力投入工作。

試著透過這種方式調整一天的節奏。這樣一來，晚上的睡眠品質應該也能得到改善。

做五次深呼吸

不是所有事情都會一帆風順。

當心情低落時，在這個時候，有一個最適合讓自己重新振作起來的方法。

這個方法很簡單，就是深呼吸。

深深地吸氣，然後深深地吐氣。慢慢地重複這個動作五次。這樣做很快就能達到放鬆的效果。

這個方法不只是失眠時有效。像是感到惶惶不安的時候、煩惱的時候、心情莫名煩躁的時候，或是緊張的時候，出現這些情況時，不妨試試深呼吸吧！

當然，這樣做並不能解決問題，但會讓你感覺自己能更從容、更有餘裕解決問題。

有重要的簡報或演講時，到了關鍵時刻，深呼吸。

被他人抱怨或上司責罵時，深呼吸。

同事之間發生摩擦，或是與家人吵架時……。每當遇到這些情形時，透過深呼吸重新調整自己的心情。

想要振作精神時，「深呼吸」具有非常好的效果。

有很多人強調深呼吸的重要性。

在職業運動員的世界裡，因為忘記深呼吸而慘遭滑鐵盧的運動選手不計其數。深呼吸就是如此重要。

在難以入眠的夜晚，躺在床上做五次深呼吸。

煩躁的情緒應該很快就能平靜下來，讓人感覺很放鬆。

這個方法既不花錢，而且任何人都能做到。越是困難的時候，我們越容易忘記這個簡單的方法，但遇到困難時，首先要做的就是深呼吸。

寫下來

有時候遇到工作上的煩惱，或因為不安而心煩意亂，導致難以入睡。在這個時候，索性從床上起身的我，手上會先拿起兩樣東西。

那就是紙和筆。

問問自己，在自己的周遭當中，目前發生了什麼棘手的事情呢？令自己感到不安的事情是什麼呢？反正，我會試著把自己對這些事情的感受都寫下來。用筆在紙上寫出來。即使字跡潦草也無所謂，總之要寫出來。

「那個人真是氣死我了。」

「那個案件毫無進展。」

「我受不了這個。」

把腦中浮現的想法都寫下來，想到什麼就寫什麼。

然後，從全局的角度審視所寫的內容，在這樣的過程中，我能夠漸漸掌握那些不安因素的輪廓。對於原本模糊不清的失眠原因，也會有更清晰的認識。

一旦掌握了問題的輪廓，就能開始尋找解決的方法。或是發現其實都是些微不足道的小事，所以逐漸冷靜下來。

總之，這個過程有助於讓自己的煩惱更加清晰可見。

大致寫完之後，無論是理解失眠的原因、找到解決方法或內心能夠釋懷，就把寫好的紙張揉成一團，扔進垃圾桶吧！煩惱也會隨著紙屑一起消失。

每個人都懷抱著想要變得幸福美滿、豐裕富足的心願。但是，我們是不是錯把金錢、權力、地位和物質等當成了目標呢？

只要擁有這些，我們就能獲得富足和幸福嗎？沒有這回事。

我認為幸福和富足並不是物質。而且幸福和富足不是向外追求，而是存在於我們的內心之中。

幸福和富足來自安心、平靜、感恩和尊重。倘若能真正體會到這一點，我想我們就能從各種煩惱中解脫出來，也就能夠安然入睡了。

首先，把紙和筆放在床邊觸手可及的地方。當自己感到煩悶的時候，試著把那種心情寫下來。然後，如果理解了問題所在，找到解決方法後，就把紙張揉成一團，「咻——碰——」地拋諸腦後。這就是我強烈推薦的方法。

讓全身放鬆

無論怎麼努力都無法入睡的夜晚，即使用盡一切方法也徒勞無功的夜晚。

有時甚至連「接受失眠」的餘裕都沒有。

例如「明天的工作需要開好幾個小時的車，所以無論如何都想睡著」的那種夜晚。

在這種時候，我會先洗手。

想像附著在身體上的壓力隨著水流逝的感覺。用冷水嘩啦嘩啦地洗手。

洗完手之後，接著讓房間的空氣向外流通。

先把房間裡停滯的、負面的空氣全部排出去，再讓新鮮的空氣進入房間。

然後，換上乾淨的睡衣。

把沾染了負面氣息的舊睡衣放進洗衣籃，穿上完全乾淨的睡衣。

做完這些事情後，躺在床上後，放鬆身體。

從頭頂到腳尖，隨著意念，依序放鬆身體的每一個部位。

因為可能在不知不覺中，某些部位的肌肉還殘留著多餘的力量。

首先是頭、再來是手、腳尖、脖子、小腿、肩膀、膝蓋⋯⋯。

隨著意念，依序放掉身體各部位的力量。
最後想像自己漂浮在空中，有點像是冥想的感覺。
那些使肌肉緊繃的多餘力量在不知不覺之間消失，應該可以感覺很放鬆。
另外，還有一件事。這完全屬於個人的經驗，僅供參考。
其實我一年三百六十五天都堅持實行一件事。
那就是使用冰冰涼涼的冷卻枕頭。
即使在冬天，我也是使用冷卻枕頭睡覺。
據說大腦幾乎就像是「脂肪」一樣的狀態。所以工作了一整天後，大腦會變熱，而且這種熱度似乎不容易冷卻下來。
醫生告訴我，在睡覺時，頭部處於發熱狀態不是好現象，最好冷卻一下。
現在回想起來，在那段為了失眠而煩惱的時期裡，我確實老是覺得頭部處於發熱狀態。

為了能夠睡得香甜，睡覺時要降低頭部的溫度。用毛巾包住冷卻枕後，再將頭部枕於枕頭之上。對於助眠非常有幫助。想睡卻睡不著的這種時候，不妨懷疑一下「是不是頭部處於發熱狀態」。

我一年四季都使用冷卻枕頭，即使直接躺在冰涼的枕頭上睡著也沒問題。因為過了兩、三個小時後，冷卻枕頭的溫度就會回到常溫，所以不會出現過度冷卻的情況。

放聲高歌

陷入絕望的低谷，不知道該怎麼辦。即使是我，有時也會陷入這樣的狀態。這種時候該怎麼辦呢？我會選擇唱歌。

「不妨想想新事情吧，絕對沒問題！」

「不妨想想新事情吧，絕對沒問題！」

就像這樣，為這些歌詞隨意搭配旋律，開朗地放聲歌唱。當我重複唱了幾遍之後，雖然帶有強迫自己接受的感覺，但心情會開始好轉。

大家可能會覺得我在開玩笑，但這個方法是真的非常有效。

據說「沒問題」（譯注：日語漢字為「大丈夫」）這個詞原本是佛教用語，這個詞的發音也是一種祈禱。

「不妨想想新事情吧，絕對沒問題！」

開口說出這句話，讓自己聽見。

「不妨想想新事情吧，絕對沒問題！」

當你感到快要被壓垮，或是精神狀態不穩定的時候，試著把這些話唱出來，那些負面的情緒彷彿會被這句話隔絕起來，然後再被這些積極正向的話語取而代之。

只有自己才能鼓勵自己。透過唱歌，自己自然而然也會受到鼓舞。有時我甚至會一整天不斷重複唱這首歌。

就像叮囑孩子一樣，在不斷告訴自己的過程中，擺脫負面狀態，並且學會自我暗示。說起來，這個過程或許會有自己對自己進行良性洗腦的感覺。

自我「洗腦」、自我「覆寫」，可以說是非常重要的事情。除此之外，我還不知道有什麼其他方法，可以有效地用正面情緒取代負面情緒。

以強行覆寫的方式，將積極正向的想法輸入腦中。

這種方法的好處在於，不只是在失眠時有效，任何時候都能發揮作用。

「今天的簡報，我可能會緊張吧……」

「不知為何，真不想去公司啊……」

「和那個人吵架後，感覺真尷尬……」

在這種時候，可以試著進行自我暗示，告訴自己：「絕對沒問題的。」

「到目前為止，不是一路這樣撐過來了嗎？」

「自己絕對沒問題的。」

只要相信自己，一定能夠克服困難。

雖然這並不能讓心情完全好轉，但至少會覺得自己應該能再堅持一下下。

如果讓你感到擔心的計畫即將到來，請從一週前就開始進行自我暗示。

當你藉由各種方式消除負面情緒，硬生生地將心情轉換為積極正向，在這個過程中，應該會不可思議地發現自己的心情，彷彿隨著上升氣流升空般地好轉起來。

相信自己。

無論如何都覺得焦慮不安的時候，就是該自我洗腦的時候。

唱唱歌，想想新的事情。

睡意就會在不知不覺中降臨。

當你睜開眼睛時，嶄新的早晨已經到來。

「我相信，你絕對沒問題的。」

重點複習

- 在睡前回想今天讓你開心的三件事
- 工作時要適時休息
- 躺在床上做五次深呼吸
- 試著把煩惱寫在紙上
- 使用冷卻枕頭
- 試著唱唱歌

國家圖書館出版品預行編目（CIP）資料

一夜好眠的日常練習／松浦彌太郎著；駱香雅譯 . --
第一版 . -- 臺北市：天下生活出版股份有限公司 , 2024.11
176 面；14.8×21 公分 . --（新時代；10）
譯自：眠れないあなたにおだやかな心をつくる処方箋
ISBN 978-626-7299-69-2（平裝）

1. CST : 壓力　2. CST : 抗壓　3. CST : 情緒管理

176.54　113015753

心時代 010

一夜好眠的日常練習

眠れないあなたに　おだやかな心をつくる処方箋

作　　者／松浦彌太郎 Yataro Matsuura
譯　　者／駱香雅
責任編輯／林婉君（特約）、王慧雲
封面設計／ Javick Studio
行銷企畫／胡雅淳、陳美萍

天下雜誌群創辦人／殷允芃
康健雜誌董事長／吳迎春
康健雜誌執行長／蕭富元
康健雜誌出版編輯總監／王慧雲
出 版 者／天下生活出版股份有限公司
地　　址／台北市 104 南京東路二段 139 號 11 樓
讀者服務／ (02) 2662-0332　　傳真／ (02) 2662-6048
劃撥帳號／ 19239621 天下生活出版股份有限公司
法律顧問／台英國際商務法律事務所・羅明通律師
內文排版、製版印刷、裝訂／中原造像股份有限公司
總 經 銷／大和圖書有限公司　　電話／ (02) 8990-2588
出版日期／ 2024 年 11 月第一版第一次印行
定　　價／ 420 元

ISBN：978-626-7299-69-2（平裝）
書號：BHHM0010P

直營門市書香花園　地址／台北市建國北路二段 6 巷 11 號　電話／ (02) 2506-1635
天下網路書店 shop.cwbook.com.tw
康健雜誌網站 www.commonhealth.com.tw
康健出版臉書 www.facebook.com/chbooks.tw